だいわ文庫

精神科医が教える

60歳からの
人生を楽しむ忘れる力

保坂 隆

大和書房

はじめに

今、この瞬間を楽しんでいる人は、「忘れる力」のある人

今の世の中、忘れることが悪いことのように思う風潮があります。忘れっぽい自分を「私は認知症になっていくのではないか」と不安になる人も多いようです。

「お父さん、忘れっぽくなってきたわね。認知症じゃないの」といった家族の不安な思いが伝わってくることもあります。ちょっとした物忘れに、「ボケないでね」と家族に釘を刺されることがあると言った人もいました。安心しておちおち忘れることもできません。人間に対して完璧主義を求める癖が私たちにはあるようです。

加齢による物忘れは当たり前のことです。いざとなればスマホで調べたり、人に聞けたりできれば十分だと思います。

認知症になるかならないかで悩むより、私たちには自分の生《せい》をきちんと生きき

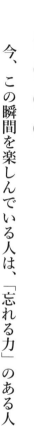

るという使命があります。そのことをしっかり考えてほしいのです。

記憶力がいい人が素晴らしいかといえば、そうでもないことが多くあります。**やっかいなのは、昔の細々としたことを覚えていることです。**

知り合いの70代の姉妹がいます。ある日、姉が突然、「○○さんのお父さんが亡くなったときにうちはお香典をもっていったのに、父が死んだときはお悔やみにこなかった」と不満を言いました。

妹は覚えていません。なぜなら、父が死んだのは10年前のことで、○○さんのお父さんが亡くなったのはそれより前のことです。姉の言うとおりだったとしても、そんな昔のお香典のことを言っても仕方ないと思いました。でも、それを姉に言っても喧嘩になりそうで、妹は「そうだっけ」ととぼけながら、「物覚えがよすぎるのも困りもんだ」と思ったそうです。

あなたにも、嫌な出来事や後悔したことについていつまでも忘れられないことはありませんか。

この姉も、○○さん家が父の葬式に香典をもってこなかったことをつねに恨みに思っていたわけではないでしょう。姉になにか嫌なことがあり、連想的にいろいろな思いが去来して愚痴を言ってしまったのかもしれません。

人間は、忘れてもいいようなことを脳に溜め込んでいます。ふだんは忘れていたのに、記憶を想起する出来事やモノに触発されて思い出し、心を乱されます。

ある男性は、小学生のときにいじめられていましたが、それを克服して忘れていました。ところが、職場でいじめに遭ったことで、忘れていた小学生の自分が出てきてしまい、当時と状況は違うのに、自分が弱く価値のないものに思えてしまいました。本当は戦える自分がいるはずなのに、弱い自分に戻ってしまうのです。

私たちは多かれ少なかれ、自分の過去にとらわれています。

嫌な記憶ばかりでなく、成功体験の記憶があなたの足を引っ張る場合もあります。成功体験にとらわれて、新しい方法にチャレンジできなかったり、プライドばかり高くて人との付き合いがうまくいかなかったりします。

良い記憶も悪い記憶もあなたの人生であり、大事なものではありますが、とらわれていては前に進めません。

自分の記憶や嫌な感情に縛られている自分に気づいてみませんか。もうそろそろ、その記憶は捨てたほうがいいのでは？

過去のことを何度も引っ張り出しては、「あのときはああした、こうした」と言うのは、まわりの人をうんざりさせるものです。何度も思い出すのは楽しい思い出だけにしましょう。

「家のなかを断捨離したい」という中高年が多くいます。家のなかに使わないものがあふれているのと同じく、脳にも不要なものが溜まっています。脳細胞は年々減っているのに、いらない記憶に縛られていると、新しいものが入ってこなくなるとイメージしてください。

今や人生100年時代といわれますが、人生は短いものです。年をとるたびに時間が早く過ぎるとは、よく聞く言葉です。ですから、**大事なこの一瞬一瞬を過**

去や未来にとらわれることなく、今を生きてほしいと思います。そのための方法を考えていきましょう。

レバノン生まれの詩人、ハリール・ジブラーンの詩にある一節です。

あなたの希望《のぞみ》と願望《ねがい》の深みに
彼方《かなた》についての沈黙の知識がある。
雪の下で夢みる種のように
あなたの心は春を夢みている。
夢を信じなさい、
なぜなら夢の中にこそ
永遠への門が隠れているのだから。

（「死について」『ハリール・ジブラーンの詩』神谷美恵子訳）

私たちのなかには、夢の種が埋まっていると思います。

半世紀も生きてくると、塵《ちり》のように知識が溜まり、世間体や見栄や諦め、根深い感情が厚い壁となって心を覆っているので、自分の種を探すことが難しくなります。

心の壁を剥がしていく方法こそが、忘れることです。

忘れていいことは忘れて、あなたのなかにある本当のあなたを見つけてください。

そのための方法を考える術《すべ》として、この本を書きました。

保坂 隆

もくじ

はじめに
今、この瞬間を楽しんでいる人は、「忘れる力」のある人……3

第1章 心のひっかかりを忘れる
さっぱりとした気持ちのいい心になる

すっきり忘れてみる。立ち止まると、人は先に進めない……16
感情と事実を分けて考えれば、〝忘れ上手〟になる……19
不安でたまらないときは、自分の行いを振り返ってみる……23
「後悔」をやめて、過去に「意味を与えてみる」……27
心のトゲトゲが抜けるまで、自分の物語を語ってみる……31

嫌なことも嬉しいことも、その都度、書き出してみる……35
イライラする、カチンときた……その感情を味わい尽くす……37
自分の人生に必要でない人からは、さらりと離れる……41
「自分が傷つきやすいこと」を総点検してみよう……45
忘れたいことは、溜め込めば「心のゴミ」になっていく……49
「しまっておく」のではなく「手放す」ほうがいい……52

第2章

良い思いも悪い思いも後へ残さない

ネクラな脳の取り扱い方

気持ちが沈んでいるときほど「なにもしない」時間を過ごさない……56
脳はポジティブな出来事よりもネガティブなことに注目してしまう……60
根拠もないのに、悪い結論を勝手に予測するのはやめる……65
脳を健康にする「関心を広くもつ力」と「柔軟に楽しむ力」……70

過去に大成功していようとも、今のあなたとは何の関係もない…………74
いくら考えてもわかるはずのないことは考えない……………79
自分の思い通りになるのは自分だけ………………82
どうにもならないことには無頓着でいるのがいちばんいい…………86
楽しいから笑うのではない。笑うから楽しいのだ…………90

第3章 無駄なものをそぎ落とす

心を忙しくしているのは自分自身

つかず離れず、ほどよい距離をとる………………94
家族といえども、100%わかりあうのは不可能…………98
「いい人」を演じ続けて、貴重な人生の時間を無駄にしない……102
どうにも苦手な人とは、無理に付き合わなくていい…………105
逃げることは、決して悪いことではありません…………109

秘めている可能性をまだ掘り起こしていないだけ……112
気持ちはわかるけれど、「お節介をやく」のはガマン……116
やっぱり人はひとりでは生きられない……119
人の意見に耳を傾けることは大事。でも、真に受けない……124
いい人間関係を結ぶには、「ただ相手の話を聞く」……128

第4章 「ねばならない」から離れる

答えは、けっしてひとつではない

「○○すべき」という言葉で考えを押しつけない……132
色眼鏡をかけたままで人を見てはいけない……136
比べない、競わない、勝ち負けで考えない……140
心を込めて話した言葉は、相手の心にしっかり届く……144
友人が多いのはいいこと。そう刷り込まれてはいませんか……148

「認められたいからがんばる」のでは、幸せにたどりつかない……151
夢中になれることを見つけて、脳のネガティブな働きを止める……155
目の前の一つひとつに心をつくしながら生きていく……159
70歳くらいまでにこれができればいい。そんなゆるやかな目標をもつ……162
「がんばらなきゃ」で自分を苦しめてはいけません……166

第5章

頭に浮かんだものを流す

大切なのは一瞬一瞬を精一杯生きること

マインドフルネスを知っていますか?……170
ただ流す。ものごとにとらわれない柔らかな心をもつ……174
心が本来あるべき姿に出会う。成すべきことに集中する……177
幾層にも重なっている執着を、一つひとつ剥がす……181
心がざわつく、収まらない。解決するにはまず「呼吸」から……185

あせらない、あわてない。なんとかなる、大丈夫……188
下っ腹に意識を集中して、ゆっくりと息を吐き、吸い込む……191
今ここで意識を向けることができるのは一つの作業だけ……193
心のなかを埋め尽くすくらいに増えすぎたものを減らす……195
「すでにある幸せ」は忘れない……198
人とのご縁、支えてくれた人に感謝する……201
どうしよう、どうしよう……と思ったら、ゆっくりと歩く……205
がんばらなくていい。自分に無理をさせない……209
人のために何かをしようとする心は忘れない……212
自分の幸せを大事に、人の幸せも大事に……216

おわりに

もう自分を後回しにしない……219

第1章

心のひっかかりを忘れる

さっぱりとした
気持ちのいい心になる

すっきり忘れてみる。立ち止まると、人は先に進めない

人生においての立ち直りの早い人はどんな人でしょうか。

人はさまざまな性質をもちますが、「すぐ忘れる」人は立ち直りが早い人でしょう。

世の中には「そんなことも覚えているのか」という人と、「そんな大事な出来事も忘れてしまったのか」と驚く人に分かれます。

中年になっても学生時代のことをよく覚えていて、「あいつに本を貸したのにいまだに返してくれない。あの本とあの本だ」と細々した記憶を今でももつ人がいる反面、「本を貸したって？　覚えていないや」という人もいます。

あなたはどちらのタイプですか。

私たちの脳のキャパシティは人それぞれ違いますが、**古い記憶を溜め込んでいる人というのは、粘着質な傾向があります。**こだわりが強すぎると、目の前の新しいことにチャレンジできないかもしれません。

人間は忘れる動物です。たくさん覚えてたくさん忘れます。そのなかであなた自身がつくられていくといっていいでしょう。

忘れてもいいようなことは忘れていく。あなたのまわりではどんどん世界は変化していきます。そちらを楽しんで新しい経験を記憶してほしいのです。

そうはいっても、なかなか忘れられないこともあります。

それはたいてい、なんだか胸が痛くなるような悪い記憶だったりします。その記憶があなたの元気を奪っている場合があります。

記憶は心と強く結びあっています。もちろんすべて脳が行っている仕事なのですが、心は感情と考えてください。**感情は脳にこびりつきやすいものなのです。**

先に述べた、「本を返さない」ことをよく覚えている人は、本を返さない相手に悪感情があったのかもしれません。そのために記憶が残ります。

すぐ忘れている人は、感情がない人かというと、そうではありません。そのときどきで感情はあります。そのときどきで悪感情をもっていたかもしれません。でも忘れっぽいので悪感情も忘れます。そういうことが得意な人もいるのです。

人間の感情はやっかいなものです。**怒りや妬み、嫌悪などの感情をもち続けることは、あなた自身の人生をつまらなくさせる要因です。**

やっかいな記憶は忘れるために、感情とうまく付き合っていきたいものです。

ほどほどに受け流していくのが、
心のエネルギーを浪費しないコツ

感情と事実を分けて考えれば、〝忘れ上手〟になる

「はじめに」で、ある姉妹の姉が「あの人のお父さんが亡くなったときにお香典をもっていったのに、うちの父が死んだときにお悔やみがなかった」と愚痴を言った話を書きました。

その後日談を妹さんが話してくれました。

実は、お悔やみにこなかった家の娘であるE子さんと姉は同級生だったそうです。親しい友人ではなかったのですが、姉のなかではライバル視するところがあったようだと妹は言います。そのE子さんが市会議員に立候補するらしいという噂を聞いて、たぶん姉は嫌な感情をもったのだろうと妹は考えました。

姉とE子さんの間になにがあったかはわかりません。でも、E子さんが活躍す

る話を聞いて、昔の嫌な記憶を思い出したのかもしれません。

私たちの感情は嫌な記憶と結びついていることが多いのです。

ある男性は、中学生のときに無実の罪で教師から強く叱責され、弁明を聞いてもらえず、悔しい思いをしたことがあるそうです。それ以来、教師を信用しなくなって、反抗的になっていきました。

すでに30代となり今は落ちついて仕事をしていますが、いまだに学校というものが苦手だそうです。この男性が「こんど結婚をするのだけれど、子どもができたら、自分は学校とうまくやっていけないかも」と先のことを悩んでいました。

このように感情と事実が融合している状態を「**フュージョン（fusion）**」といいます。

嫌な感情から、ひとりの教師のことを全体の教師像にしてしまっています。そのうえ、まだ生まれていない子どものことまで心配しています。

でもちょっと待ってください。そんなときは、感情と事実を切り分けてみましょう。

　若いとき、ひとりの気に食わない教師と出会ったために「教師なんて信じられない」と思い込んでいますが、人間には良い人と悪い人がいます。気が合う人と合わない人がいると言ってもいいかもしれません。

　ひとつの嫌な感情が全体の白黒を決めてしまうことはよくあることですが、**大人になるというのは、ものごとを多面的に見られるようになるということです。**

　教師が信じられないという男性に、「不良になったのに、なぜ今は真面目に働いているのですか?」と聞きました。答えは「両親が自分のことを信じ続けてくれたから」と話してくれました。

「それでは、あなたが親になったら、お子さんのことを信用できる親になればいいのでは」と伝えるとパッと顔を明るくして、「そうですね。それだけですね」と言いました。

このように感情と事実を分けて考えることを「**脱フュージョン**」といいます。感情的になっている記憶を腑分けしていくと、事実が見えてくるはずです。教師にもいろいろな人がいる。教師には疑われたけど、親は信じてくれた。子ども心に反抗したけれど、親のおかげで立ち直った。事実を見ていくと、中学時代への悪感情だけでなく、いい思い出もあったことに気がついていきました。

自分の感情と起こった事実を分けて考えてみましょう。悪感情に自分の心が巻き込まれてしまい、恨みをもち続けると前には進めなくなります。

どうでもいいことに埋もれると、
本当に大切なことが見えなくなる

不安でたまらないときは、自分の行いを振り返ってみる

悪感情と事実が一体化したフュージョンが起こったときに試してほしいことがあります。

「**俯瞰《ふかん》して自分を見る視座をもつ**」ことです。

脳から自分を切り離して、「自分が今、どのようなことを考えているのか」を客観的に眺めてみます。

たとえば、自営業のHさんは、近くに住む同級生たちが羨ましくなります。彼女たちの夫は年金もたくさんあって、働かなくてもよく、豪華なランチに旅行にと、遊んで暮らしているように見えます。

いつまでも働いている自分を惨めに思うこともありました。そういうひがむ気

持ちが出てくると、次に、体を壊して夫婦が営む店をたたむことになったらどうしたらいいのだろうと、将来への不安が襲ってきます。不安になると、もっと稼がなくてはと、気持ちが焦ったりしました。

そういうときに、試してほしい方法があります。**自分の今の状態を第三者の語り口で語ってみます。**

「また、Hさん（自分）のこの世で一番悲しい自分の話がはじまったよ」と語ります。

そして「あなたは本当に不幸なの？」と問いかけます。

そこでHさん、事実を考えてみます。考えれば生活に困っているわけではありません。お店に来る常連さんたちはいい人たちで、仕事は楽しい。子どもたちは自立してきちんと生活しています。

そして気分の落ち込んだ原因も探します。人それぞれ、あるパターンをもっている場合が多いのです。

Hさんの場合は、支払いが多すぎた月に気分が落ち込みます。電気代も値上げして、いろいろ経費が嵩《かさ》んでくると嫌な気分になります。

2つめには、体の調子が悪いときにネクラになりやすいです。インフルエンザで寝込んでから腰痛になり、なんだか体力が落ちて元気がありませんでした。

3つめには、生活が単調になっていました。

Hさんは、自分がネクラになるのはこの3点のいずれかであるときが多いと気がつきました。とくに、生活が単調になり、チャレンジしていないときの自分が弱っていくことを自覚しました。


そこで対策を考えます。


Hさんの解決策は水泳をはじめることです。以前から友だちに誘われていましたが、忙しいと断っていました。でも体を鍛えて目標をもとうと考えました。大きなイベントに参加することも決めました。

自分に足りないものは夢だったことにも気がついたそうです。

自分の道を歩ける人は、人を妬む心も起きなくなります。人のことを妬んでいる暇はないからです。

自分を悲劇の主人公にしてはいけません。

被害者意識というのも、「フュージョン」に陥ったときに、感情も事実もごちゃ混ぜとなりブラックホールにはまります。自分に対して客観的視点をもち、嫌なことは忘れることのできる自分をつくっていきましょう。

客観的に見れば、なんでもないことに振り回されていることも多い

「後悔」をやめて、過去に「意味を与えてみる」

以前ある会合で、「過去に戻れるとしたら、いつに戻りたいか」という話になったことがあります。

その場にいたのは50歳を過ぎた人たちだったので、「また同じ苦労はしたくないから今のままでいい」という方が多くいましたが、やり直したいと思っている人もいました。

「大学受験のとき、家庭の事情で絶対に国立大学しか行けないし、合格するためにランクを落として受験し合格した。でも、第一志望も受かる点数だった。あのときランクを落とさなければよかった」という人がいます。

「子育てをもっとやればよかった。妻に任せっきりだった。仕事が忙しい時期だったから仕方ないと思っていた。でも、妻と子どもたちは共通の思い出や家族としての交流があるのに、自分にはないように感じて淋しい。もっとコミットメントしていればよかった」という後悔の言葉もありました。

誰でもやり直したいことはあると思います。大きなやり直しではなくとも、「あのとき余計なひと言を言って友と喧嘩してしまった。あんなことを言わなければよかった」という後悔もあるでしょう。

「過去は忘れましょう」と話しても、簡単には忘れられないものです。そこで私はいつも皆さんに、**過去は変えることができないが、意味は変えられる**と話しています。

先述した、「大学のランクを落としたことに後悔」している方は、大学でいい友人に出会ったことを思い出してもらいます。ランクを落としたためか大学での成績もよく、素晴らしい先生に出会いきちんと就職もできました。彼は「大学は第一志望ではなかったけれど、良き友人たちに出会えて今の自分があるのかもしれない」と思うようになりました。

「子育てにもっとコミットメントすればよかったと後悔」している方は、子どものひとりは自分と同じ仕事に就いたそうです。会話の量は母親にはかなわないでしょうが、子どもたちは働く父親の背中を見て育っているはずだと伝えました。彼は、まずは子どもたちがいい子に育ったことに感謝する、と言いました。

たとえば「友にひどいことを言って絶交してしまった」としても、そのときの後悔のおかげで、以後、人に対して言葉を選び、感情をぶつけないよう意識するようになったということもあるでしょう。

過去は過去。今のあなたは良い人です。

人に気づかいができ、信用されるあなたをつ

くったのは、友に感情をぶつけ、大事な友をなくした経験です。つまり、その喧嘩は、あなたを成長させるものだったかもしれません。

空海は「愚に於いては毒となり、智に於いては薬となる」（『声字実相義《しょうじじっそうぎ》』）という言葉を残しています。**同じことが起きても、愚かな人にとっては毒となり、賢い人にとっては薬になる**という意味だと受けとっています。

「失敗を悔やんでも仕方がない、それを糧にして進んでいきましょう」というのが私のアドバイスです。失敗や後悔が今のあなたをつくっています。失敗や後悔こそが人間を成長させるのです。

つらい経験は、あとになると
大事な経験だったと感じられる

心のトゲトゲが抜けるまで、自分の物語を語ってみる

雑誌や新聞には人生相談のコーナーがあります。相談に答えるのは、心理学を学んだ人だけでなく、学者や作家、画家や演劇人と多様です。面と向かっての相談では、「あなたの考えは間違っている」とは言えませんが、紙(誌)上では、回答者はズバリと相談者の身勝手を指摘します。読者はそこが面白くて読むわけです。

人生相談をするのはどんな人たちでしょうか。

有名な先生たちにズバリ斬られるかもしれないのに、相談してくる人たちは、まわりに話せる人がいないのかもしれません。あるいは自分のことを語りたい人なのかもしれません。

先日も何気なくラジオを聞いていたら、育児に参加しない夫について相談する人がいました。夫がこうしてくれない、ああしてくれないと話します。回答者が「ご主人はなにもしてくれないのですか」と質問すると、「前よりも仕事から早く帰ってくるようになりました」と答えているうちに、「なんだか話しているだけでスッキリしました。夫ともっと話してみます」と自分で結論を出して終わったのです。回答者は「そうしなさい」と励ましただけでした。

もしかしたら、相談者は話しているうちに、夫も努力していることに気がついたのかもしれません。

自分の人生を俯瞰して見たときに、**自分の物語を言葉にして語ってみることには大きな効用があります。**

カウンセリングというのは、まさに自分が語ったことを自ら語りなおしていく作業です。カウンセラーは話を聞いて質問するくらいです。良いとも悪いとも判断せず、自分の価値観を押しつけたりしません。相談者が語りながら自分を客観的に見られるようになる訓練をしているともいえます。

専門家ではなく身近な人に話を聞いてもらうのもいいでしょう。そのときの約束として、**重い物語を聞いてもらい、ある程度過去に意味を与えたら、ぱたんと本を閉じるようにして、あなたの記憶の棚にしまい込んで忘れることです。**

ある三姉妹がいました。それぞれの子どもも大きくなったので、3人ではじめて温泉旅行へ行きました。そのときに亡くなった母親の話をしたそうです。

次女は、自分だけ母親から疎《うと》まれていたと思っていました。優秀な長女と可愛い三女に挟まれて、母親から邪険にされていたと話しました。虐待というわけではありませんが、「あなたはなにをしても要領が悪い」と睨《にら》んでいた目をよく覚えています。

しかし、長女は長女で母親の期待を受け厳しくしつけられたこと、物差しで叩かれたことなどを話しました。三女の話は違いました。母親は姉たちに期待してあれこれ言っていたのに、自分には無関心だった。それで助かりはしたが淋しさもあったというのです。三女は中学生のときにいじめに遭ったことを母親に話したのに、なにもしてくれなかったと言います。

姉妹は高校生まで一緒に暮らしていたのに、それぞれの経験も母親への感じ方も違いました。

3人の物語は母親の物語ともなりました。母親は、本当は大学へ行き勉強したかったのに見合い結婚したこと、父親が一度ならず浮気をしていたことなど、語りあううちに、「いろいろあったけれど、今私たちが生活できるのは親のおかげではある」と物語を閉じたそうです。

その後、姉妹で会うことがあっても昔の話を繰り返すことはありませんでした。心にひっかかっていた過去の物語はそれぞれが閉じて、しまい込んだようです。それでいいのだと思います。

「きっと○○に違いない」と思い込んでいる事柄ほど疑ってみる

嫌なことも嬉しいことも、その都度、書き出してみる

自分の物語を人に話せないときは書いてみるという方法があります。画家の横尾忠則さんの人生相談をまとめた本にこのように書かれていました。

「僕は、自分の外に出したもののことはすぐに忘れてしまいます。絵なんて一筆描くごとに忘れています。実はもうすでに、どんな人生相談があり、どんな回答をしたのかも忘れてしまっています。だからこそ僕は、精神的に健康でいられるのかもしれません」（『老いと創造』）

自分の脳のなかにあるものを外に出して、忘れてしまう。それが脳の健康と新しい思考や発想を得るためには必要です。

前に、ある歌人の方のエッセイを読んだことがあり、次のように書かれていま

した。その方は、いつもメモ帳をもっているそうです。思いついた言葉や、街で出会った面白いことを書きとめます。そして書いたら忘れます。あとでネタ帳を見て、ああそういうことがあったなあと思い出します。書かないと、思いついたことがグルグルと頭をまわって、脳が固くなる気がするそうです。外に向けて吐きだせば、脳は安心して次の仕事に取り掛かれます。

このエッセイのオチは、スマホを子どもにもたされ、メモ機能を利用したら便利だとわかったので、スマホだけはもち歩くようにしているとのことでした。

芸術家ではない私たちでも同じことです。嫌な思いもアイデアも一回外に置かないと、いつまでも脳のなかで居座っていることになります。嫌な思いはグルグルと回り続けます。**ひとつの考えに固執してしまうと、新しいアイデアが生まれてきません。**外に出して忘れる。あなたもやっていきましょう。

心の荷物を手放せば、
新しいものがやってくる

イライラする、カチンときた……その感情を味わい尽くす

2023年に刊行された『小山さんノート』という本が評判になり、私も手に入れて読んでみました。小山さんは2013年に亡くなった女性ホームレスの方でしたが、日々の記録をノートに書き綴って生きてきました。

読むことと書くことは、彼女が自分でいられる時間でした。晩年は人々の支援も受けましたが、残された80冊を超えるノートを有志の方々がまとめて本にしたのです。

日記にはつらいことも書かれています。ホームレスの生活、同居人の暴力、お金のないことなど、読んでいてつらいです。しかし、小山さんは逃避先である喫茶店で古いノートを読み返すことをしています。昔のつらいことを読んで嫌な思

いをするのではないかと心配になりますが、小山さんは書いてある事実に書き足したり、そこから新たに考えたりしています。

小山さんにとって日記はひとつの作品となっていたのです。書かれたことは物語となって、自ら客観的に読んでいきます。つらかった時期を思い出しながらも、きちんと書かれていることにも満足していたことでしょう。

日記を書くというのも、自分の考えたことを外に出す効用があります。**怒りが溜まったことを書けば、怒りが一回外に出たことになります。**

「日記には悪いことは書かないで、良いことだけ書いていきましょう」という言葉もあります。毎日愚痴ばかりの日記なんて、読み返すのも嫌ですね。しかし、たまには日記に今の自分の感情を綴るのはいいことだと私は考えます。

そのときにやってほしいのは、俯瞰して自分を見ながら書くことです。**自分が主人公であるひとつの物語を書くようにしてみてください。**

「○月○日　妻（自分のことです）は友人たちと出かける日であった。いつもなら、夫のために昼食を用意して出かけるのだが、夫だって家にいる日なのだからなにも用意しないことにした。適当に食べていて、と言い家を出た。帰ってくると、流しに食べ終わったカップ麺がそのまま置かれていた。妻は、洗って捨てればいいのにと思った。これは、自分はカップ麺しか食べていないというアピールなのだろうかと妻は思った。そして、面白くない気持ちのまま夕食の用意をはじめたら、夫が『腹減った』と言ってきた。そこで妻はピキッと切れてしまった……」

書いているうちに、なにに自分は一番腹が立ったのかと考えます。

ゴミを捨てていなかったこと、家にいるなら夕食の準備ぐらいしてくれてもいいじゃないかと思ったことなどが浮かびます。細かく指示しないと動かない夫に苛立っています。

そういうことを客観的に考える場として日記を活用してみてください。

ちなみに、この日記の例はある看護師さんの話から引用させてもらいました。彼女は、書いているうちに冷静になり、バカらしくなってきたそうです。

「夫は悪い人ではないんです。ただ、言わないとわからない。夫婦に以心伝心なんてないと、書いていてわかったんです」

それ以来、自分は夫にこうしてほしい、ときちんと伝えるようにしたそうです。

自分の感情を外に出して冷静に見るための手っ取り早い方法は、書くことかもしれません。うまい下手は別にして、書くことの効用は大きいのです。

不満をもち続けるくらいなら、「私はこうしてほしい」と伝えてみる

自分の人生に必要でない人からは、さらりと離れる

人間関係に疲れてしまうことがあります。仕事を退職する理由の上位にくるのが「人間関係の悩み」です。職場だけではなく、家庭で、地域で、学校やサークルで、**人が2人以上集まれば人間関係ができあがり、うまくいったりいかなかったりするのが人生です。**

それでも、人間関係の悪化は精神的にきついものです。

Iさんは、60歳を機に再雇用となったため時間ができ、今までやりたかった織物の教室に通いはじめました。

教室の先生は教え方が上手で、織り機に触れている間は心が落ちつき、とてもいい時間でした。

しかし、ひとつ気になることがありました。教室が終わったあとに、他の方々はランチにつるんで出かけるようですが、Iさんは誘われません。少し観察していると、リーダー格の女性がいて、なんだかIさんに冷たいようでした。Iさんには理由はわかりません。

こういうとき、Iさんはある人が言った言葉を思い出します。それを語った人が、スポーツ選手だったか、タレントだったかは忘れてしまいましたが、こういうことを言っていたそうです。

「相手の気持ちをコントロールすることはできないし、変えることもできない。だから、**こんなことは自分の人生には関係ないと思うことにしている**」と。

よく、「相手は変えられないから、自分が変わるしかない」という言葉も聞きますね。これもひとつの対処法なのですが、苦手な相手のことを自分には関係がないと忘れてしまう方法もあります。

私たちは、ともすれば皆から好かれたいと考えてしまいます。でも、人間には相性というものがあります。

相性が合うかどうか、見た目で判断するべきではないのですが、見た目で自分のテリトリーに入れたくないという人もいます。

なんだか嫌われているのかなと思っても、**その人は私の人生には関係ない、私にはなにも影響しないと思うことで自分を守り、相手を忘れます。**

ある女性が話してくれました。娘さんが小学生のときにＰＴＡの付き合いが大変だったそうです。

やはりボス的ママさんがいて気を使ったり、いじめがあったりして巻き込まれてしまいました。

しかし、娘が成人した今、「あれはなんだったのか」と思うそうです。今ではそのときのママ友と付き合いはありません。自分の人生に大きく影響する出来事でもなかったのに、渦中にいるときは怒ったり落ち込んだりしていました。「今思えば、コメディですね」と話してくれました。

私たちは、いろいろな人間関係に巻き込まれますが、相手を「私の人生には関係ない人」として切り捨て忘れることも必要です。

「南斗は随《したが》い運《めぐ》れども、北極は移らず」（『秘蔵宝鑰《ひぞうほうやく》』）という空海の言葉があります。

北極星は動かない星です。昔の人は北極星を探して自分の位置を確かめました。南斗は北極星より南にある星で、季節とともに動いていきます。

人の言葉や感情に巻き込まれないで、北極星のように「ぶれない心」をもって自分の人生を歩んでほしいと思います。

相手に自分の時間や思考を占領されないよう、心の線引きをする

「自分が傷つきやすいこと」を総点検してみよう

「メンヘラちゃん」という言葉をご存じですか?

「メンヘラ」はメンタルヘルスの略なので元々は「心の健康度」のことですが、近ごろの「メンヘラ」という言葉は、感情の浮き沈みが大きく、精神状態が不安定な若者に使われることが多いようです。

特徴は、自己肯定感が低く依存体質で、傷つきやすいことがあります。

「ぶれない心」をもってほしいと書きましたが、若いうちは錘《おもり》のような自分を得るのが難しいです。自分に自信がないと、恋人や友だちに依存的になり、人とのつながりでようやく自分の生きる価値を見いだしているところがあります。

そのために、頻繁にＬＩＮＥをしてしまいます。毎日会いたくなります。人から投げかけられた言葉に深く傷つきます。

思春期の精神科外来のドクターの話では、待ち合わせの場所に友だちが来なかったことで、見捨てられた気持ちがしてオーバードーズ（過剰服薬）に走ってしまう人もいるそうです。

そんな繊細な心をもった若者でも年をとるにしたがって、図太くなっていきます。数々の失敗や別れ、新たな人との出会いによって成長していくのでしょう。

そうはいっても、中高年になっても傷つきやすい自分が居座っている場合があります。夫のひと言で傷ついた、姑《しゅうとめ》のひと言で傷ついた、友だちのひと言で傷ついたという話はよく聞きます。**傷つくのは、たいてい人の言葉によってです。**

Kさんは教師の妻でした。子ども2人を育てながら、専業主婦をしていました。ある日、長男の婚約者から「お母様は働いたことがないんですって、すごいわ。羨ましいです」と言われたそうです。婚約者のお母さんは大学の先生で、お祖母さんも教育者。女性も働いて一人前という家庭で育ったようです。

悪気があったわけではなく、働いたことがないことに感嘆しただけでしょうが、

Kさんは嫌味に聞こえてしまいました。

それから、長男の婚約者が苦手になり結婚式が憂うつになったそうです。そのことを妹に相談したら、「なんでそんなことに傷つくのよ」と笑われ、「働かないことにコンプレックスがあるなら、Kちゃんも今から働きなさい」と言われたそうです。

そこでK子さん、**自分は働いていないことがコンプレックスだった**と気がつきました。

働かなかった理由はあります。母親が病弱なので学校を出たあとは家事をしなくてはいけませんでした。結婚したらすぐに義父が寝込み、義母も具合が悪くなり、家庭を切り盛りするのに忙しくて外に働きに出られませんでした。

働かないことがコンプレックスだったら、私は働いてみたいのだろうかと考えました。そんなとき、地元の教育委員会が小学校の学習支援員を募集していました。1日短時間の勤務です。

Kさんは、教師になる夢があったことを思い出しました。思い切って応募したところ採用されて、今までにない充実感をもって働いているそうです。

長男の妻ともうまく付き合っています。言ったことはありませんが、「あなたの言葉で傷つき、でもそのおかげで私は前に踏み出せた」と思っています。

Kさんのように**傷つく背景にはコンプレックスが隠れている場合があります。**あまり見たくないコンプレックスですが、案外と自分の本心がわかるかもしれません。

自分を俯瞰する目をもって、自分の傷つきやすさを点検してみてください。

違う方法を試してみるだけで、
思わぬよい方向へ転がることもある

忘れたいことは、溜め込めば「心のゴミ」になっていく

嫌な記憶は忘れたほうがいいのですが、無意識に閉じ込めて忘れている場合があります。

不安や罪悪感、恥などの心理的に嫌な感情を避けたいときに、私たちには**心理的な防衛機制**が働きます。防衛機制は心理学用語です。簡単にいえば心を防御しようと無意識に行うもので、精神的な安定を求めるために用いられる方法です。

防衛機制にはいろいろな種類がありますが、もっとも代表的な防衛機制が「**抑圧**」です。思い出したくないことを無意識になかったことにします。本人も本当に忘れてしまっているのです。**そのまま忘れていればいいのですが、似たような出来事を見て思い出して苦しむことがあります。**

銀行員をしているMさんが話してくれました。障害をもつある子へのいじめ加害の記事を雑誌で読んで、突然、自分も加害行為をしていたことを思い出したのです。

子どものころに隣の家に一つ年下の男の子がいました。隣同士なので、一緒に登下校するようにと親に言われ、仕方なく一緒に歩き、遊んでいました。でもどこか、その子が苦手でうっとうしかったのです。

親にわからないようにいじめたり、無視したりしたのに、その子はMさんを追いかけてきます。ある日、川の土手でその子をつき飛ばし怪我をさせました。その子は、Mさんにつき飛ばされたことを言いませんでした。Mさんはますますその子が嫌になり、避けるようになりました。次の年に、Mさん家族は転勤してその地を離れ、Mさんはすぐに隣の男の子のことは忘れてしまいました。

長年忘れていたのです。でも、どこかで自分は優しい人間ではないという思いがありました。今思い返せば、隣の子は今でいう発達障害かなにかで、自分はイラついていたのかもしれないと理解しました。バカにしていたのかもしれません。今の自分だったら、絶対にやらないことですが、Mさんはまだ子どもでした。

まず、自分の過去を妻に話しました。妻はきちんと聞いてくれ、今のMさんは優しい人だから結婚したと言ってくれました。その後、その少年がどうしているのか調べてみましたが、わかりませんでした。

Mさんは、なにか自分のなかに虚しいものがあるのが、この記憶のせいなのかと考え、いじめの記憶と向き合おうとしています。

抑圧された記憶が感情とともにあふれてきたとき、そのことに巻き込まれないで客観的に見ていくようにしたいものです。

あなたはそれができる年齢になっています。**過去は過去、現在の自分とは切り離しながら、検証して上書き保存しましょう。**そしてつらい記憶は忘れてもいいのです。

> 自分がやるべきことをやる。
> それが心の健康を守ってくれる

「しまっておく」のではなく「手放す」ほうがいい

前項で、つらい体験を意識から締め出すことを抑圧というと書きました。

現在も戦争のニュースを聞かない日はないのですが、先の戦争体験をくぐり抜けてきた高齢者のなかには、その悲惨な体験を子どもにも親しい人にも語らないまま生きてきた方が多くいらっしゃいます。家族を養うために忙しくて、本当に忘れた気持ちになっていた方もいます。テレビの戦争ドラマなどを観ると胸が痛くなるので、観ないという方もいました。

２０２１年の長崎市平和祈念式典で被爆者代表としてスピーチした岡信子さんは、92歳でした。それまで、被爆者として語り部をしたわけでもなく、名乗り出たこともない、無名な人でした。

親しい人にも被爆体験を語らなかったそうです。それほどつらい体験を語れば感情があふれてきてしまいます。岡さんは自分の胸にしまい続けました。

それでも人前で話をしようと考えたのは、自分たち被爆の体験者がどんどん亡くなっていくのを見て、**自分も後世に体験を残していく使命があるのではないか**と思ったからです。

岡さんは立派なスピーチをして、その3か月後に亡くなりました。

岡さんにとっての悲惨な体験がつらいだけの記憶ではなく、全世界に平和を訴える当事者の経験という意味合いをもって上書きされました。記憶を外に置くことによって、岡さんは自分の感情に呑《の》み込まれることなく、客観的に話ができたのだと思います。

心理学の防衛機制のひとつに「**昇華**」があります。攻撃的な欲求など社会的に許容されない本能的な欲求を容認可能な行動に変えて充足することをいいます。

たとえば、社会への憎しみに満ちて人を殺《あや》めてしまいそうな感情を絵や短歌で表現する行動です。感情を外に出していくひとつの方法といえます。

ピカソは故郷スペインでの内戦に怒り、「ゲルニカ」を描きました。怒りを言葉にするより世界に影響力のある作品になりました。

つらい出来事や被害体験は胸にしまい込んで忘れなさいと言うことはありますが、中高年になったら、**嫌な記憶も取り出して埃《ほこり》を払い客観的に眺め、新たな意味を吹き込んで忘れる**こともおすすめしたいと思います。

できたら、自分の過去とも和解して老後を生きたいものです。

しなくてもいい我慢を続けていないか、
自分に確かめてみませんか？

第2章

良い思いも 悪い思いも 後へ残さない

ネクラな脳の取り扱い方

気持ちが沈んでいるときほど「なにもしない」時間を過ごさない

人間の体はいろいろな臓器でできています。心臓、肺、胃、肝臓、腎臓など、私たちが生きて生活を送るために必要なもので、どれかひとつでも不都合があると病気と診断されます。

そのために私たちは、これらの臓器が正常に動くよう健康に気をつけます。特定健康診査（メタボリックシンドローム健診）が義務付けられていますし、健康に気を配っている人は多いでしょう。

そして、**脳も臓器の一つです。**そのように考えたことはないかもしれませんが、脳は人間が人間であるための大事な臓器なのです。

それなのに、他の臓器に比べて、私たちは脳の健康に気を使っているでしょうか。脳を健やかな環境にしようなんて、あまり考えませんね。でも、脳のことも少し考えていきましょう。

人間はうつ状態になることがあります。うつ状態になると、過去の悪い記憶がよみがえり、自己肯定感は下がり、「自分にはいいところなどない」「私はダメな人間だ」と落ち込んでいきます。

落ち込むのとは逆に、イライラと攻撃的になることもあります。

A子さんは、父親が定年退職後に様子が変わったことに気がつきました。今まで人の悪口など言ったことがない人が、昔のことをほじくり返して愚痴をこぼします。

「あいつの失敗のせいでオレが責任をとらされた」という昔の同僚への恨み言、「あの人は挨拶もしないような人だった」と、すでに亡くなった近所の人の悪口を言いはじめ、「今の若者はなっとらん」と、ネットで仕入れた情報で怒っています。

最初は「年をとって頑固になったのか」と思っていましたが、妻にもあたるようになり、食欲もなくなって、認知症ではないかと疑い病院へ連れていったところ、「うつ状態ですね」と言われました。

そこで、A子さんは父親のうつ状態を改善するために、いろいろな情報を仕入れて試したそうです。

運動療法のために、嫌がる父を説得して、午前中は母と一緒にウォーキングをし、水泳教室にも申し込みました。A子さんも父を映画に誘ったり、マメに実家に帰ったりするようにしました。そんなことをするうちに、父親はだんだんと人の悪口を言わなくなってきました。

さらに、水泳教室で知り合った夫婦が山登りの好きな方々で、高尾山ハイキングに誘ってくれました。父親は山頂に立った瞬間、「胸がすーっと軽くなった」と言い、すっかり低山登山が趣味となり、顔つきが明るくなってきたそうです。

調子のいい父親を見てA子さんは、父親にイライラしていた時期の気持ちについて聞いてみました。父親は自分が迷惑をかけたことはあまり覚えていませんでしたが、少し考えて「胸のあたりが淋しかった」と言ったそうです。

これは想像ですが、A子さんの父親は定年退職後の環境に戸惑っていたのかもしれません。

脳は淋しい、お腹が空いた、お金がない（生活できない）という状況に脆弱《ぜいじゃく》な臓器です。

環境が悪くなると、脳は落ち込む一方でうつ状態になっていきます。

あなたは自分の脳を労わっていますか。脳も休ませ、ネクラにならないような楽しい環境を整えてあげましょう。

悪いことばかりに目が行きがちな人は、
意識的にいいことに目を向ける

脳はポジティブな出来事よりもネガティブなことに注目してしまう

脳というのは基本的にネクラな臓器です。これは人間に**防衛本能**がある以上、仕方のないことです。防衛本能とは、身体的危険や心理的脅威に対して自分を守るために働く本能です。

人間が狩猟民だったころは、獣に襲われないように神経を張り詰めて狩りをしていたことでしょう。「どうにかなるさ」の楽天家では生き残れないという世界だったと思われます。

何万年もの進化のなかで文明も発達して、身体的防衛本能は衰退していきますが、心理的脅威に関しての防衛本能は、機能活発です。

そのために脳は、油断するとすぐに次のような仕事をします。

①過去については、後悔のネタを探し続けます。
②未来については、心配や不安の種を探します。

①に関しては、本来は過去の失敗を繰り返さないようにという防衛本能です。あそこの山の崖には気をつけなくてはいけない、この間は狩りでしくじったが同じ失敗はしないぞというように、本来は生活を前向きにするための教訓的な防衛本能だったと思います。

現代では、後悔や失敗を思い浮かべるたびにネガティブ思考が深まっていくのが特徴です。ネガティブ思考が頭のなかでグルグルまわって、自分への教訓という考えにはいたりません。

②に関しても、未来も安全に平穏に暮らしていくための防衛本能です。台風への備え、寒さへの備え、食料の確保など安心して暮らしていくために必要な未来への準備です。未来への備えは、個人だけでなく家族や地域のためでもあります。

ただ、現代ではいろいろな事件のせいもあり、過剰に防衛的になっていく場合があります。情報があふれ、脳が危険信号を出す頻度が増えます。**脳は基本、ネクラなので悪いほう悪いほうに考えようとします。**

脳はこのようにネクラになりやすいのですから、私たちも対策を考えなくてはいけません。

友人のFさんは、早期退職して悠々自適な生活をしています。日課は朝夕の散歩で、コースを変えて歩いています。

小学生には「おはよう」「こんにちは」と笑って声をかけていましたが、挨拶を返してくれたのはそのうち半分ぐらいです。とくに女の子は挨拶を返してくれません。

あるとき、挨拶をしたら母親のような人が来ました。そして子どもの手をひいていくときにFさんを睨《にら》んだそうです。

「自分は不審者と思われていたのか」とFさんはがっかりしました。顔がいけないのか、服装がいけないのか、と妻に相談すれば、「フツーのおじさんだけどね」と笑われます。

Fさんは、落ち込みました。あまり外に出ないようにしようと考えました。一時的に不安にも襲われ、薬も飲むようになりました。**脳が防衛的に世間の人に嫌われないようにしようと考えるのは、当たり前のことです。**

遠くに住む娘がその話を聞き、「そんなのはバカらしい。どんどん街を歩きなさい」と、ネクラの脳を吹き飛ばすアイデアを考えました。

グレーっぽいおじさんファッションをやめ、明るい素敵な服を着るようにしました。動物の絵がプリントされたTシャツを着て、明るい色のスニーカーを履きました。

その姿で歩くと、小学生の挨拶返答率が少し高まったそうです。地域の人がどう思ったかはわかりませんが、家族の評判は上々です。

脳をネクラにしないためには、脳の環境を整え、脳の裏をかくようなアイデアが必要なのかもしれません。
自分の気に入った服を着たり、自分へのご褒美に美味しいものを食べたり、マッサージへ行って気持ちよくなるのも、脳にやる気を出させる方法です。

「たとえ失敗しても、失敗から学んで成長できる」という考え方が大切

根拠もないのに、悪い結論を勝手に予測するのはやめる

ものごとを良くないほうばかりに考えることをネガティブ思考といいます。

医者に「血糖値が高くなっていますね。気をつけましょう」と注意されると、自分は糖尿病になるのかと、その病で苦しんでいる親族、知人を思い出します。食事は制限されるし、食事のたびにインスリンを打つ。あげくに目が見えなくなったり透析したりしている人もいるなあと、**未来を暗く思い描きます**。これは極端な例ですが、こういうふうに考えて落ち込むのがネガティブ思考です。

それではポジティブ思考とは、どういうものでしょう。

「糖尿なんて、よくある病気じゃないか。たいていみんな糖尿だ。心配することなんかないさ」と明るく前向きに考えようとします。こういう方はけっこうい

らっしゃいます。明るく前向きなのですが、お酒を控えることも食事を見直すことも得意ではなく、**自分流に突き進んで病気を悪化させる**タイプです。

糖尿病の悪化を心配しすぎてお酒を飲まないようにしているネガティブ思考の人に、先のポジティブ思考の人が励ましを言うことがあります。「オレだって血糖値が高いぞ、心配するな、大丈夫だ。石を投げれば糖尿病の人にあたる時代だ」とお酒をすすめます。そうしてネガティブ思考の人もポジティブ思考になりました。めでたし、めでたし……。

これはいい話でしょうか。これらネガティブ思考もポジティブ思考も正しい根拠に基づいていませんし、論理的ではありません。こういう考え方を「**不健全思考**」といいます。

不健全思考とは、①事実に基づいていない、②論理性がない、③人を幸福にしない、この3つの考え方です。

では、どんな思考がいいのでしょうか。それが「**健全思考**」です。健全思考の考え方は、正しい根拠に基づいて論理的に考えることです。冷静に自分のなすべきことを考えるのです。

ネガティブ思考、ポジティブ思考というのは、感情思考だと私は考えます。悪いほうに考えて落ち込む、良いほうに考えて前向きになるのは、感情的な流れですね。でも、事実はどこにあるのか考えましょう。

健全思考とは、自分の「糖の数値が高い」という事実に、本格的な病気にならないための対策を**感情ではなくエビデンス（裏付けのある客観的事実）のある方法で対応する**ことです。

たとえば、禁酒ではなく適量を飲む、飲まない日もつくる、食事内容を見直す、なるべく階段を利用し歩くことを心がけるなど、自分でやれることはやっていきます。

こんな当たり前のことなのですが、ときどき私たちはネガティブ思考にとらわれたことをポジティブ思考で乗り切ろうとしてしまいます。

これらの不健全思考を健全思考に変換する練習を「**論理療法**」といいます。臨床心理学者のアルバート・エリスが提唱した療法です。今ある認知療法より古くから用いられてきました。

たとえば、あなたが知り合いと街ですれ違い挨拶しようとしましたが、相手はあなたに目を向けないで通りすぎました。あなたは、無視されたようで心が悲しくなります。先に話したように脳はネクラですから、ネガティブ思考が発動して、「私は嫌われている」という結論を出します。

一方、ポジティブ思考で考えると、「あんな人に挨拶してもらわなくても平気だわ」「もとから嫌なやつだと思っていた」と、自分を相手より高くもっていきがちになります。

これを健全思考で眺めてみましょう。

相手は、あなたに気がつかなかっただけかもしれません。なにか心にとらわれていることがあったのかもしれません。ご家族が入院していて、症状が深刻だという診断で心が悲しみでいっぱいだったり、心配事で余裕がなかったのかもしれません。

街をゆく人がみんな他人に気を配って歩いているわけではありません。**人はそれぞれ事情がある、そういうふうに考える癖をつける**ことが健全思考となります。

今あげた例のように、挨拶を返してくれなかったという悪感情が残り、嫌な気持ちを忘れられない人もいます。そうではなく、さっと論理思考を働かせ、挨拶されなかったことなど「まっいいか」と忘れることが大事なのです。

他人が黙っているのを見て、怒っているのだろうと決めつけたり、そっけない態度をされたら嫌われていると思い込んでしまう。そんなふうに感情でものごとを決めつけないで、健全思考を起動させることがとても大切です。

失敗や悪いことを拡大解釈しない。
成功や良いことを過小評価しない

脳を健康にする「関心を広くもつ力」と「柔軟に楽しむ力」

脳の好物は好奇心です。

いくつになっても好奇心が旺盛な人は若々しいですね。ただ好奇心を得るためには、どんどん忘れていく必要があります。過去にとどまらず、終わったことを忘れ、次に進みます。

登山家の田部井淳子さんのドキュメンタリーを観ました。闘病生活を送っていた彼女が亡くなる前に気にしていたのは、現在関わっているプロジェクトの資金のことでした。もうすぐ命が終わるかもしれないのに、数々の業績を思い出している暇はないようです。常に未来を考えている姿に感動しました。

田部井さんは超人ではなく、ごくふつうの女性です。彼女が人生を歩んできた原動力は、成功体験に胡坐《あぐら》をかくことなく、いつまでも好奇心をもち続けたおかげだと私は考えます。

知り合いのBさんは、某企業の経理部長をしてきた人です。現役時代は仕事一筋で社会問題など政治のことには無関心だったそうです。退職後、妻の友だちが子ども食堂をやりはじめたので、妻に連れられて手伝いにいき、子どもたちの勉強を見る役目をお願いされました。

Bさんはこのボランティアに満足しました。久しぶりに小中学生に接して自分の娘たちの小さいころを思い出しました。**自分が役に立っているという気持ちも味わえました。**

でも同時に、たくさんの疑問が湧いてきました。子ども食堂が全国にできているというが、どういうことなのだろう。自分のまわりには貧困という言葉はありませんでした。気になりだすと、いつも通る道にホームレスの人がいるのを見かけるようになりました。気をつけて見れば、いろいろなことが目に入ってきます。

貧困問題が気になったBさんは、そうした関連の本やネット記事を読みはじめました。でも、ひとりで勉強するには限界があり、大学院で研究してみようと思い立ちました。

入学すると、教授も学生も全員自分より年下です。現役時代は部下が皆、「部長、いかがですか」と気を使って声をかけてくれたものですが、大学院では気を使うのは自分のほうです。

そして、20代も30代も40代も、みんな自分より頭がいいように見えます。劣等感が頭をもたげると、つい「オレを誰だと思っているんだ。あの企業で部長だったんだぞ」と**過去を誇りたくなってくる自分がいた**そうです。

Bさんが英語の文献と格闘して苦労しているときに、担当教授がこう声をかけてくれました。

「他の人と比べないでください。みんなが読んでいるものがわからなくても知識は追いついていきます。それより、あなたの経験が人と違ったアイデアを生み出すかもしれません」

Bさんは考えました。自分は企業での地位を誇りにしていたが、自分の経験とは会社のことだけではない、生まれた家のこと、学生時代のこと、結婚して子育てしたこと、すべての経験が生かされるはずだ。**昔の肩書は忘れよう。**今の自分がなにをすべきか考えようと思いいたったそうです。

Bさんの妻から聞いた話では、修士過程が終わったら博士課程に行かせてほしいと言い出し、子どもたちが呆れているとのことです。どうやら、Bさんは自分の肩書を忘れることによって、潜在的な能力が発揮できるようになったのかもしれません。

過去の肩書を誇らしげに語る人は間違いなく嫌われます

過去に大成功していようとも、今のあなたとは何の関係もない

自分の失敗を忘れられないこともありますが、自分の成功を忘れられず、引きずって生きていることはありませんか。

80代、90代の方が「オレは駆けっこでいつも1位だった」と自慢しているぶんには、まわりも「はいはい、おじいちゃんはすごいよね」とやり過ごしてくれますが、中高年ぐらいの自慢は、ときに人から引かれることがあります。

たしかに、「営業で売上1位だった」「仕事でよく海外へ行っていた」「大学で最優秀賞をとった」「小学生のとき、足が速かった」。それぞれが申し分のない思い出です。

自分の成功体験をもっていることは、自己肯定感を保つために重要なこと。し

かし、**自分の成功体験は他人の役には立たないことが多いのです。**うっとうしがられるだけです。

ときどき自分のお子さんにこう言ってしまう人がいます。「お母さんは英語なんかいつも一番だったのに、あなたはなんで、こんな問題ができないの」。親は子どもには自慢しやすいのです。ただ、お子さんには「親の話は半分に聞いておきなさい」とアドバイスしたいと思います。

人間は自分の記憶を、都合よく脚色して記憶している場合が多いからです。

営業成績が一番だったとき、たまたま友人の伝手で大量に買ってくれる人がいたのが理由だったのですが、なんだか自分がすごく努力して才能を発揮したという記憶になっていたりします。成功体験には少し怪しいところがあります。

人に自慢話をすることは控えているという方でも、自分のなかで成功体験を大事にしすぎていることはあります。

そういう方によくある憂うつ状態は、「**昔の自分と比べてしまう**」ことからきます。

以前なら難なくできたことができない。大学で首席だった自分がデジタル化に追いつけない。あんなに山に登っていたのに、最近はすぐに息が切れる。輝いていたころの自分と比べては、気分が落ち込んでしまうのです。

それをうつ状態だと思って病院へ行った人もいました。

「先生、なんだか最近、元気がないのです。昔はがんばれたのですが」

「昔っていつですか？」

「20代のころです」

「いま、お幾つですか？」

「65歳です」

「ふむ、年のせいですね」

年のせいにされたと少々怒って私に話してくれました。

20代の自分と比べて、同じような体力も胸のときめきもない。**あのエネルギーはどこへ行ったのだろうと悩んでも、仕方のないことです。**今の自分は、足腰が弱り、異性にも関心が薄くなり、盛り上がりについていけない、老いた人です。

ここでも健全思考で自分をとらえなおしていきましょう。

よく考えれば、そこには年相応な自分がいます。**この自分でこの先をどう楽しんでいくか**を考えていきたいものです。

80代の後半になる横尾忠則さんは『老いと創造』のなかで、「耳は聞こえないし、目はかすむし、手は腱鞘炎だし、五感はほぼ全滅です」と言います。

でも、老化に反逆するのではなく、認めるところからスタートするしかないと言い、「過去のいちばん健康で快適だった状態を、持続するのは不可能です。“Be Here Now”「この瞬間を生きる」という、今をもっとも大事にする生き

方が必要なのではないでしょうか」と書いていました。

爆発的なエネルギーをもっているイメージの横尾さんが、今の自分を認めるという言葉には説得力があると思いました。

過去は過去、現在は現在、未来は未来と区別する

高齢になると**「過去のなかに生きる人」と「前を向いて生きる人」**というタイプに、分かれます。人と話していると、どちらのタイプかわかってきます。

あなたは、「あのときはよかった」ということばかり言っていませんか。

私たちは、80代でも90代でも創造的な活動ができます。そのための準備期間が50代から60代だといってよいでしょう。

過去のいい時代はさっさと忘れて、いつの時代もこれからのあなたを磨くことを忘れないでください。

いくら考えても
わかるはずのないことは考えない

先日ラジオを聞いていたら、リスナーからのこんなメールが読まれていました。要約すると「あるLINEグループで発言したら、誰も反応しない。**なにかまずいことを書いたのかと、返信がくるまでモヤモヤする**」ということです。

ラジオのパーソナリティは、「他のメンバーは、誰かが返信するのを待っている」となぐさめます。自分が最初に返信する者になりたくない。誰かが「いいね」と言ったら、みんなが続くのかもしれません。

私はLINEグループのことはよく知りませんが、まわりの様子を見て発言するという感じはよくわかります。

講演会などで、「質問はありませんか」と言っても、たいてい最初は会場がシーンとしていることは誰でも経験があると思います。

しばらくすると誰かがおずおず手をあげます。そしてひとり発言すると、案外次々と手をあげてくれて会場が盛り上がって終わりになります。

日本人には一番に発言するのを遠慮する習性があるようです。そこには、変なことを言って恥をかきたくない、目立ちたくないという思いがあるのでしょう。

LINEの返信がこないと悩んでいた方は、最初の返信がくるまでモヤモヤしています。「私、なにかやってしまったかしら」と思うのです。誰かを傷つけることを書いたか、偉そうだったか、私はもしかしたらみんなに無視されているのか、いじめに遭っているのか、**妄想はどんどん大きくなります。**

そのうちに返信はくるそうですが、それまでの「モヤモヤの時間が嫌だ」とのことでした。

この方のモヤモヤはどのくらいの時間だったのでしょうか。15分、1時間、半日？　わかりませんが、スマホを何度も手にとっては確かめていたことでしょう。

このリスナーさんに私からアドバイスするなら、家の掃除を一生懸命してスマホを見ない、映画など面白いものを観て時間を忘れることをおすすめしたいと思います。映画を1本観終わったあとには、返信がきているかもしれません。

いたずらに未来のことを心配してもしょうがない。もし「やっちまったかな」と思ったら、クヨクヨせずに忘れてしまうことが大事です。自分で「やっちまった」と思うことは、ほとんどがたいしたことではありません。

私たちは相手の感情をいろいろ読み取ってモヤモヤすることがありますが、まずは忘れることです。**手放した言葉は仕方ないと諦める**ことにしましょう。モヤモヤの時間がとてももったいないと思います。

失敗したときは「ここからなにが学べるだろう」と考えてみる

自分の思い通りになるのは自分だけ

自分のことだけでなく、人のことを心配し不安に思う方がいます。

一番は自分の子どものことでしょう。

Dさんの心の憂うつも一人娘への心配が中心でした。娘さんは自治体の公務員でしたが、30歳を過ぎてから海外を渡り歩き、今はマレーシアのホテルで働いていて、現地の恋人もできたそうです。

Dさんは娘のことが不安です。「そんな生活をしていて老後はどうするのか」「外国の男性に騙《だま》されているんじゃないか」「孫の顔も見られない」。

Dさんの不安の原因はなんでしょうか。

娘の幸せを案じているのでしょうか。

もしかしたら、**自分の幸せが壊されたという思いがある**のかもしれません。

Dさんの友だちは、子どもたちが結婚し、実家の近くに家を建て、孫も生まれています。「うちは、孫が5人目よ」と話を聞かされるたびに、なんだか負けた気持ちになっているところがありました。

Dさんの不安のなかには、「一人娘が海外にいて、自分たちの老後はどうするんだ」という、親としての打算も含まれていたようです。そう語ってくれたのはDさん自身です。

Dさんは、娘への不安や心配を友だちに言えずに、夫に愚痴ばかり言っていました。

Dさんの気持ちを受けとめていた夫ですが、「心配しても仕方ないだろう。そんなに言うなら、マレーシアへ行ってこい」とDさんに言いました。夫は再雇用で教師をしていたので、夏休みまで休めません。5月に夫に送り出され、Dさんははじめてひとりで海外へ向かいました。

結果はうまくいきました。娘の住んでいる場所は海の見える住宅街。大きくはありませんが住み心地がいい家でした。娘の恋人の家族は親切な人たちで、次から次と挨拶にきてご馳走に呼ばれます。みんな片言の英語でコミュニケーションをとりました。

はじめての食べもの、きれいな布製品に、わくわくしてしまうDさんがいました。そして「こんな生活もいいかもしれない」と思えてきたのでした。夫が休みをとれる夏に結婚式の日取りも決めて帰ってきて、夫に呆れられたそうです。

Dさんはこう話します。「私は娘の心配をしているようで、自分の見栄のせいで不安だったのかもしれません」。

そして遠くで心配していると妄想が膨らんでしまうので、実際に現地に行き、活き活き暮らしている娘を見たら、**「なにも心配いらない、なるようになる」**と思えたそうです。

南国の空気も影響したのでしょう。ほとんど専業主婦だったDさんが、新しい世界を知って好奇心が心配事に勝ったのかもしれません。Dさんは、とりあえずマレー語と英語の勉強をはじめました。

私たちは家族への心配事も多いのですが、そういうときに、**自分が安心できるようにコントロールしようとする**ことがあります。相手に対し無意識にやっている、「早く結婚して落ちついて」オーラや、「ちゃんとしたところに勤めて」オーラが出ていると疎まれることになります。

一番いいのは、**なにか自分ごとに夢中になり心配を忘れる**ことです。

たとえ子どもでも親でも他人です。

他人はあなたが思うようには動きません。本当に困ったときは受け入れる気持ちで、あとはなるようになるさ、と大らかに考えるようにしましょう。

人はそれぞれものの見方、考え方が違う。
価値観も違っていて当たり前

どうにもならないことには無頓着でいるのがいちばんいい

将来を不安に思う人は多いようです。老後の資金、病気、介護問題などの個人的なこともあれば、地域の変化や国の行く末について思い悩む人もいるでしょう。

お金のことでいえば、国から老後資金に2000万円必要だなどと言われて、防衛本能が過剰になってしまうのは、仕方のないことだと思います。

でも冷静に考えれば、どうにか暮らしていけるはずなのですが、**私たちはまわりの情報に煽《あお》られ巻き込まれてしまうことがあります。**

そこで考えてみましょう、今あるお金でやっていくことを。足りなければ少しアルバイトをしてもいいです。

最近、高齢の方がコンビニで働く姿を見かけるようになりました。「高齢者が働かないとダメな社会」だとがっかりする人もいますが、元気に接客業をなさっている姿を見ると、それを不幸だと思うのは驕《おご》りかもしれません。

1日3時間でも笑顔で「ありがとうございます」と言うのは気持ちがいいものだと、前に患者さんが教えてくれました。その方は病で仕事を辞めましたが、週に2日だけファミリーレストランでアルバイトをしていました。決まりきったマニュアル言葉を言うだけでも楽しかったそうです。

また、まだ罹患していない病に怯《おび》えている場合もあります。でも、**「病気になったらどうしよう」と考えすぎること事態がストレスで、体**

には良くないと思うのです。

病気はなるときはなり、持病が一つ二つあっても長生きする方は大勢います。人の寿命は誰にもわからないものです。

空海に「心病衆《おお》しといえどもその本《もと》はただひとつ、いわゆる無明《むみょう》これなり」（『十住心論』）という言葉があります。

無明とは、心が真っ暗になっている状態です。将来が真っ暗に見えてしまいます。希望の灯りが見えない状態です。そんなときに私たちは心の病を患いやすくなります。

もし将来に不安があるという人は、まず**今日一日を淡々と生きる**ことを考えてみてください。

お茶を入れて羊羹を一切れ、ホッとする時間をもちましょう。居心地のいいカフェで美味しいコーヒーを飲むのもいいでしょう。

灯りは、誰かがもってきてくれるものではありません。

老後は大変だという言葉に巻き込まれることなく、将来の不安は忘れて、今を楽しむことが大事です。
不安は灯りを消します。
楽しむ心に灯りがともります。
その灯りが将来を照らしてくれて、歩くことができるのです。

あれこれ考えてもなにも始まらない。
ともかく行動に出る

楽しいから笑うのではない。笑うから楽しいのだ

「笑いヨガ」を知っていますか。**ただ、笑うだけ**のヨガです。ハハハ、オホホホ、笑いあい、手を叩きます。

ある患者さんの会で笑いヨガが行われたそうです。会の参加者は、深刻な病をもち、悔しく、しんどい日々を送っている方々です。会は、その気持ちを伝えあい、相談する場です。

イベントとして笑いヨガを行うと聞いて、そんなことに参加したくないと思う方もいました。病気になってから笑うことを忘れた方もいます。無理やり笑えというのかと、引っ込んでしまう方もいます。

それでも、講師の先生のリードで、参加者は笑うようになっていきます。はじ

めは皆さん、遠慮がちでしたが、だんだん声も高くなります。

笑うふりをしているうちに、なんだか笑う渦に巻き込まれて、大笑いしながら体を動かしたり、抱きあったりして笑います。

笑いヨガが終わったあとは、「気持ちがスッキリした」「楽しい気分になった」「なんとかなるかなと思った」「久しぶりに汗をかいた」などの感想が寄せられたそうです。

私たちは、悲しいから泣き、嬉しいから笑うというように、感情が表情をつくると考えます。しかし心理学の研究では、逆に**泣いていると悲しくなる、笑うと気持ちが幸福になる**という結果も報告されています。表情が感情をつくるのです。

最初にこのことを報告したのは、ウィリアム・ジェームズとカール・ランゲという2人の心理学者でした。一般に「ジェームズ=ランゲ説」といわれています。19世紀末の研究ですが、その後100年の間に検証が続けられ、この説が正しいことが証明されています。

笑うことによって楽しい気分になっても、問題はなにも解決はしないのではないかと、考える人もいます。たしかに一時的に楽しくなっても、病気が治るわけではありません。魔法のように、すぐに問題が解決することもありません。

しかし、楽しいと思うことは気分を前向きにさせてくれます。たくさんの後悔や怒りで先に進めないとき、**笑うことで「なんとかなるさ」という気分になり、乗り越える方策を考えていける**かもしれません。

仕事や人間関係で嫌なことがあると、コメディ映画やお笑い番組を観て、気分を変えるという人もいます。まさに、気分（感情）を転換させるために、笑うのです。

嫌なことを忘れる気分転換は人間に必要なスキルです。気分転換の方法をたくさんもっている人は、忘れる力のある人でしょう。

どんな困難に直面しても、笑いとばせば心は晴れわたる

第3章

無駄なものをそぎ落とす

心を忙しくしているのは自分自身

つかず離れず、ほどよい距離をとる

自分とは合わないと思っていた人と話してみたら、いい人だったということはありませんか。**嫌いだと思っていた人にもいいところがあると気がつく**ことはないでしょうか。

Oさんは、30代のころに大嫌いな同僚がいました。目立ちたがり屋で業績を独り占めするところがあり、「嫌なやつだ」と思っていました。

その後、Oさんは転職します。しかし10年後、前の仕事仲間から新しいプロジェクトに誘われました。

そのプロジェクトのスタッフにOさんが嫌いだった元同僚がいました。しかしOさん、仕事を引き受けました。

Oさんは忘れっぽいので、嫌いだった感情をあまり覚えていないのです。出来事を思い出すことはできますが、嫌いだという感情は消えていました。

昔の仲間からは、「あなた、あの人のこと嫌っていなかった?」と言われます。「嫌いな人と仕事できるの?」とも聞かれました。Oさんは言います。「あいつは変わってません。今も目立ちたがり屋ですぐメディアに出たがります。でも仕事はできる。学ぶことは多いです。彼のいいところと付き合っていこうと気がつきました」。

Oさんが昔より成長したのかもしれません。こういう忘れやすい人は得だと思います。

世の中には、一度嫌いになると一生嫌い続ける人は多いと思います。ひどい被害を受けたなら仕方ありませんが、**仕事仲間や友だち関係での恨みをもち続けてもいいことはありません。**

嫌いな人がいるところに近づかないということをしていると、あなたの行動範囲が狭くなっていくことになります。

自分のことをいじめた同級生がいるので、同窓会には参加しないという女性がいました。しかし、大好きな先生の喜寿のお祝いとあって、しぶしぶ参加したそうです。

自分をいじめた相手は、すっかり太って貫禄のあるおばさんになっていました。相変わらず元気がよさそうです。

そのいじめっ子が彼女に話しかけてきました。「昔、あなたをからかっていたけれど、あなたが不登校にならなくてよかった」とワインをついでくれました。「うちの子が不登校なのよ。ひきこもりよ」と笑って言います。お互い多くは語りませんでしたが、一瞬でそれぞれの物語があることを悟りました。

彼女はいじめのことは忘れることにしました。それからは同窓会も必ず出たそうです。そのおかげで交友関係も広がったと話します。

空海に次のような言葉があります。

「心暗きときは即《すなわ》ち遇《あ》うところ悉《ことごと》く禍《か》なり。眼明《まなこあき》らかなれば途《みち》に触れて皆宝なり」（『続遍照発揮性霊集補闕抄《ぞくへんじょうほっきしょうりょうしゅうほけつしょう》』）

心が暗いときに出会うものは、すべて禍《わざわい》のように思え、心明るく曇りない眼でいれば出会うものは宝となる、という意味です。

宝に出会うためにも、過去の嫌なことは忘れて明るい眼をもつことが大事です。そうすれば、新たな出会いや世界が広がるでしょう。

苦手だから遠ざけると短絡的に考えず、苦手ではあるけれど耳を傾けてみる

家族といえども、100%わかりあうのは不可能

中高年になって喧嘩はしたくありません。疲れるだけです。それでも、つい喧嘩してしまう人もいます。親しい間柄だからこそ喧嘩するという人もいるでしょうが、若いときと違うものがあります。**関係を修復するエネルギーがなくなっているのです。**

若いころなら「喧嘩するほど仲がいい」ということもあります。喧嘩しながら友情を深めました。家族が喧嘩しながら団結を強めていくドラマなどもありました。しかし、大人になってからの喧嘩は、不愉快な思いや後悔が尾を引くものです。**自分の立て直しにも時間がかかります。**

2人の有名作家がいました。若き日は、よく喧嘩したそうですが、晩年は仲良

く付き合っているように見えました。しかし、「本当には仲直りしていない」そうです。根本的な考え方の違いは高齢になっても変わりませんが、仕事上の対談などは引き受けていました。距離をとって付き合っていたようです。喧嘩するためのエネルギーを仕事にまわしたいと思ったのではないでしょうか。

この「距離をとって付き合う」ことが中高年の友人付き合いの要《かなめ》になります。若いときの馴れ馴れしい親しさは忘れて、親しきなかにも礼儀ありと思い出しましょう。

親子喧嘩も、子どもが社会人になったらしないほうがいいでしょう。

ある母親は我が強い人でした。子どもが大人

になっても口を出す、過干渉の母です。

息子が結婚しても、息子夫婦の新居に行って、いろいろ助言していくうちに、売り言葉に買い言葉で息子と激しい喧嘩になりました。それ以来、息子夫婦との付き合いがなくなったそうです。

母親も大いに反省してはいますが、関係修復にはまだ時間がかかりそうです。母親には「息子とは喧嘩しながらも、いつも自分の思うとおりになった」という記憶が染みついていました。息子と仲良しで一心同体ぐらいに思っていたのかもしれません。息子が独立したひとりの大人になったのを忘れていたようです。

これは忘れる事柄が違います。

忘れるのは一心同体のほうです。自分の子どもであっても、大人としての礼儀をもって付き合いたいものです。

このように子どもが大人になってからの親子喧嘩は修復が難しい場合があります。親は「誰のおかげでここまで育ったの？」と思い、子は「親のせいで、ずっと我慢していた」というお互いの過去の感情でぶつかります。

家族というのは、記憶を共有しながらも、記憶というボタンのかけ違いが起こることがあります。

家族は忘れっぽいほうがいいのです。

「そんなことあったかしら。忘れたわ」「あんなことあったけど、忘れよう」。そのようにして、今現在の親子関係に焦点をあてて、対等な大人として距離をとって付き合いましょう。

君子の交わりは淡きこと水のごとし。
小人の交わりは甘きこと醴《れい》（甘酒）のごとし

「いい人」を演じ続けて、貴重な人生の時間を無駄にしない

断るのが下手な人がいます。

Uさんは、地域の活動をしているうちにだんだんと役職を任せられるようになりました。地域の祭の事務局責任者やらマンションの管理組合の理事長もしています。人の好いUさんのことですから、マンションで倒れたお年寄りがいれば、様子を見に行ったり、住民の苦情を受けたりしていました。

疲れも溜まっていたのでしょう。めまいを起こすようになり病院へ行くと、メニエール病と診断されました。休養が必要だとのことで、あらゆる役職から下りて休みました。

役職を下りて思ったことは、「**自分ががんばらなくても世の中はまわっている**」

ということです。少し淋しい気持ちもありますが、時間にゆとりができたことで自分自身のために映画を観たり、本を読んだり、若いころの趣味が復活したそうです。

私たちは仕事でも地域でも、人間関係の波に呑まれてがんばってしまうことがあります。

忙しいことは、自分が役に立つという喜びや充実感もあるので悪いことではないのですが、ほどほどにしないとストレスが溜まります。気がつかないでいると病気になって、体が緊急停止を命じるのです。**義理人情に厚い真面目な人がうつ病になることも少なくありません。**

義理人情が薄くなった時代とは言われますが、まだまだ義理にとらわれている中高年は多いようです。

昔は、バレンタインデーに義理チョコなどというものが盛んにやりとりされていました。義理チョコをもらうと、義理のお返しをしなくてはいけません。これもなかなかの負担です。最近の若い人は、仲のいい友だちにチョコをあげるそうです。義理的なものが減ってきたのはいいことだと思います。

そのほかにも義理の飲み会などがたくさんありました。「飲み会は業務ではないなら、参加しません」と断る部下がいると驚いていた男性がいましたが、義理の付き合いは最小限にして自分の時間を楽しみたいという考え方を、中高年は少し見習ってもいいかもしれません。

会社や人のために動いていた人が、病気になったり動けなくなったりしたときに、とたんに生きがいがなくなって自己否定感が高まることがあります。

義理もほどほどにして、自分の時間を楽しめるようにすることが老後の備えにもなるはずです。

他人はあなたが思っているほど、あなたのことを気にしていない

どうにも苦手な人とは、無理に付き合わなくていい

日本の「三筆」と言われる、もっとも優れた書の達人がいます。空海、嵯峨《さが》天皇、橘逸勢《たちばなのはやなり》の3人です。

その空海の書に「**道《い》うことなかれ人の短《たん》、説くことなかれ己の長《ちょう》**」（『崔子玉座《さいしぎょくざ》右銘断簡』）があります。意味は「人の欠点をあげつらうな、自分の長所を自慢するな」というごく当たり前のことです。

もともとは、後漢時代の学者である崔子玉（崔瑗《さいえん》）の座右の銘として伝えられているようです。中国の古代の学者が座右の銘にしたということは、はるか昔から人間というのは集まれば他人の悪口を言い、自分の自慢を言いたがる人が多くいたのでしょう。

ある役所の会計年度任用職員として働きはじめたTさんは、昼休みの休憩室でのランチタイムが憂うつでした。そこに集まるのは、自分と同じ非常勤の職員たちです。

昼の休憩室ではお局様《つぼねさま》的な2人が、他の職員の悪口を言います。「あの職員は仕事ができない」「課長はなにも決められない」。はじめのうちTさんは、「そうなんだ」と素直に悪口を聞いていました。

でも仕事をしているうちに「あんなに悪口を言うほど、悪い人ではないけど」と思うようになりました。

昼休みは、職員の悪口を言うことで非常勤の団結を固める場なのでした。「あの人はダメだ」と言われ続けている職員のひとりは、うつ状態で休みはじめました。

Tさんは中学時代を思い出しました。女子のリーダーがひとりの女子の悪口を言いはじめ、仲間を増やしました。自分は悪口を言いたくないのに、リーダーの仲間のなかにいました。Tさんは悪口こそ言いませんが加担者だったのです。いじめられていた子は不登校になりました。

Tさんは当時を思い出して、昼休みに休憩室に行けなくなりました。吐き気がしてきたそうです。休憩室を避けて、自分のデスクで昼食を食べはじめました。そして起こったことは、Tさんへのいじめでした。

Tさんも具合が悪くなり、会計年度任用職員を途中で辞めてしまったそうです。

人は悪口で団結することがあります。はるか昔から現在まで、悪口には人をまとめる絶大な力があります。**しかし悪口でまとまる関係は発展性がありません。**

今の地位を守るため悪口を言っていても、いずれ人は離れていくでしょう。

私たちも「道《い》うことなかれ人の短《たん》、説くことなかれ己の長《ちょう》」を座右の銘にして、悪口は言わないようにしていきたいものです。

ただし、空海はこういうことも言っています。

「短所は即ち長所である。長所は即ち短所である」

「ひとには短所も長所もない。一切は空《くう》である」(『秘蔵宝鑰』)。

悪口を言わないという戒めの先に、**人を一面で見ずに多面的に見る**こと、**レッテルを貼らない**ということを考えたのだと思います。

関わりを絶てないならば、
相手と心の距離をもつ

逃げることは、決して悪いことではありません

ある大きな病院の看護師がうつ病で休みました。総看護師長のNさんは部下の体調の変化に気づかなかったと自分を責めました。

Nさんは部下が休みはじめたとき、「辞められたらどうしよう。困ったなあ」と思ったそうです。うつ病になった看護師はチーフで人柄も看護の腕もよく、人望もありました。

しかしある日、Nさんは自分の思いが部下に負担だったのだと気がついたそうです。**「いなくなったら困る」「頼りにしている」と部下に依存していた**と反省しました。

部下は、Nさんのそんな思いに応えようとしていたのかもしれません。

Nさんが彼女に言わなくてはいけないのは、「ゆっくり休んで、自分のために人生を歩んでほしい」ということでした。

傍目《はため》にはいい職場でもうつ病になったのは、その環境が合わなかったと考えたほうがいいでしょう。期待されて誉められているというのも、無意識下でストレスとなり、自分らしく生きられていなかったのかもしれません。

病気というのは、人生の転機となります。私たちに立ち止まって自分を見直す時間をくれます。

「背暗向明《はいあんこうみょう》」（『遍照発揮性霊集《へんじょうほっきしょうりょうしゅう》』）という空海の言葉があります。人生のさまざまな場面で、闇には目を背け、光を見つめなさいという教えです。

後悔や無念、優越感などはすべて闇に置いて逃げることです。**人生は逃げるが勝ちなのです。**

私たちは「嫌なことから逃げてはいけない」と教えられることも多かったと思います。嫌な勉強に取り組み、やっと就職しました。「なにか違う」と感じても逃げてはいけないと考えてしまいます。

うつ病になった先の看護師さんは、回復した後、訪問看護の仕事に就いたそうです。少人数のスタッフできめ細かく患者さんと付き合います。たぶん、大病院が合っていなかったのでしょう。大きな組織でバリバリ働ける人、小さな組織で働くのが合っている人、それぞれなのです。

人の期待は忘れて、自分らしく生きられる光のほうを目指して歩いてほしいと思います。

不要なことは避けていく。
手放さないと得られないものがある

秘めている可能性を
まだ掘り起こしていないだけ

「自分に価値なんかないんです」。うつ状態の方のほとんどがおっしゃる言葉です。

「自分の人生は価値がない」「生きている価値もない人間だ」というときの価値ってどういうことなのでしょうか。

「価値」を『広辞苑』で調べると、「物事の役に立つ性質・程度」「ねうち。効用」。哲学の専門用語として、「「よい」といわれる性質」とも書かれています。

患者さんが「価値がない」と言うときは、「自分なんか役に立たない」という嘆きがあります。働くことができず落ち込んでいるときは、そう思うことも納得がいきます。

では**誰の、なんの役に立っていないのでしょうか。**心の底から自分は役立たずと思っているでしょうか。

私たちが怖いのは、人や世間から「役立たず」「無価値」と思われることではないでしょうか。人はまわりからどう見られているかを気にします。

人の価値はなにによって決まるのでしょう。お金があること、権力があること、心優しいこと、それなりの仕事をしてきたことなど、すべて人と比べて価値を測っているところがありま す。「自分に価値がない」と言ってしまうのは、世間から値踏みされている自分を意識しているためなのかもしれません。

オーストリアの精神科医で、ホロコーストを生き抜いたヴィクトール・フランクルの著作に『夜と霧』があります。

この本で有名な言葉に「人生から何をわれわれはまだ期待できるかが問題なのではなくて、むしろ人生が何をわれわれから期待しているかが問題なのである」（霜山徳爾訳）があります。これは収容所のなかで「私は自分の人生から期待できるものはなにもない」と絶望した人たちへの言葉です。人生が「きみはどう生きるのか」と問いを発しているのです。

価値も同じことだと思います。「私には価値がない」ではなく、**価値のほうがあなたに、「どんな価値を見つけてくれるのか」と問いを発している**のではないでしょうか。

ここで私の好きな宮沢賢治の童話『虔十公園林《けんじゅうこうえんりん》』を紹介しましょう。

虔十は、軽度の知的障害がある子どもで、他の子どもたちはバカにしていましたが、家族は大事に虔十を育てました。

わがままひとつ言わない虔十が「杉の苗木を７００本買ってくれ」と言ったの

で、親は苗木を買い与えました。虔十は苗木をきれいに植えて大事に育てます。嫌がらせもありましたが、虔十は林を守りました。

虔十が亡くなった後、村は町になり発展し、ある有名な博士が故郷に帰ってきて、林の立派なことに感心します。そして公園にすることを提案します。「全くたれが賢くたれが賢くないかはわかりません」と博士は言うのです。

人の価値なんてまったくわかりません。**私たちが一人ひとりつくっていくものなのです。**世間からの目なんてそろそろ忘れていきましょう。

世間を気にせず、自分の価値観に従ったほうが、自由で楽しい

気持ちはわかるけれど、「お節介をやく」のはガマン

知人から「うつ状態で落ち込んでいる友人がいるが、なにかしてあげたい」と相談がありました。お見舞いに友人の好きなお菓子をもって訪ねていこうかと考えているとのことでした。

私は「**しばらくはそっとしておいたほうがいい**」と答えました。なぜなら、人と会うエネルギーがないかもしれないし、食欲もないかもしれません。

知人は反論しました。「誰も連絡せず、会いにも行かないと、自分は身捨てられていると落ち込むのではないか。私が行って元気づけてあげたい」と言います。

気持ちはわかります。知人はいつも元気で誰かのために動きたい人です。そこが魅力でもあるのですが、「気持ちが上向いて誰かと話したくなったら連絡して。

お茶でも飲みましょう」とメールしたら放っておくのがいいのではないか、**自分は気にかけて待っていると発信するだけで十分**だ、と再度話しました。

うつ状態になった方はわかると思いますが、落ち込んでいるときは元気のいい人の声を聞きたくないことがあります。

うつ状態の方に励ます言葉は禁句であることは知れ渡りましたから、「がんばれ」とは言わないと思います。ただ、存在が「元気」な人と話すと、そう言われている気がしてしまうものです。

お節介がなくなれば、世の中が殺伐としたものになると思うかもしれません。しかし、お節介というのは、ときに押しつけがましいこともあります。

相手のことを本当に考えているというより、**自分の考えを押しつけている場合もあります。**自分が気持ちいいからお節介をしているようなことはないでしょうか。相手の気持ちより自分の気持ちが優先されます。

そういうお節介は、「**こんなにやってあげたのに、応えてくれない**」という気持ちになることもあるので気をつけたいところです。

キャロル・キングのヒット曲に『You've Got a Friend』という歌があります。友だちが落ち込んでいるときに、「私の名前を呼んでくれたら、どこにいたって飛んでいくよ」と歌っています。

助けたいときにはお節介するのではなく、いつでも飛んでいくし、気にかけているというメッセージが伝わればいいのです。

軽率な干渉はけっして歓迎されず、ときには危険ですらある

やっぱり人は
ひとりでは生きられない

お節介とは違う人間関係を考えてみましょう。

高齢になると孤独になるので、人との交流が必要だといわれます。かといって、あまり親密な関係は疲れるだけです。ある程度、距離をとりながら助けてくれる関係があるといいですね。それを**ソーシャル・サポート**と呼びます。

ソーシャル・サポートには3つの種類があります。

①情緒的サポート

この人といるとホッとするという関係です。少し落ち込んでいるときでも、この人となら一緒にいても苦痛ではないという人です。

②手段的サポート

病気のときや困っているときに、家に来てくれたり病院へ連れていったりしてくれるなど、実際的な手助けをしてくれる人です。

知人が新型コロナウイルスに感染したときは、同じマンションにいる友だちに買い物を頼んだそうです。ＬＩＮＥでほしいものを頼むと、買ってきてドアの前に置いてくれます。レシートも入っていて、回復してからお金を返しました。手段的サポートは物理的に近い人がいいでしょう。

③情報的サポート

いろいろな情報を教えてくれる人です。地域の良い病院やお店のことなどに詳しい人がいるものです。

高齢になると情報から取り残されやすくなります。外に出ないで、テレビやネットの情報ばかりになり、地域とのつながりが希薄になる場合があります。

これは家族のなかでもあてはまります。

ある方は、車の送迎をしてくれたり、家事を手伝ってくれたりする手段的サポートが夫であり、スマホの操作や流行りの映画などを教えてくれる情報的サポートが息子。でも、一緒にいて一番気持ちが落ちつきなんでも話せるのは、遠くに住んでいる娘。このように分けて考えたほうが、家族関係もうまくいきそうです。

たとえば、一緒に暮らしている夫に3つのサポートを要求しても、夫には無理かもしれません。妻は「役に立たない」などとイライラしてしまいます。**ひとりの人にすべてのサポートを押しつけないで、分散させる**ことが距離をとる付き合いになります。

家族以外にもソーシャル・サポートの輪を広げておくと、老後生活の助けになるでしょう。

知人のGさんは夫の介護をひとりで背負っています。子どもがいないので、文字通り老老介護なのですが、さまざまなサポートを受けていました。

夫の通院先近くに住む友人は、病院の診察のときに朝早くから診察券を出しておいてくれます。ケアマネジャーさんは情報通で、「あそこのお惣菜が美味しい」「耳鼻科ならここがいい」と教えてくれます。夫をデイサービスに預けて、30年通っている美容室で美容師さんに髪を整えてもらいお喋りすれば、生き返ったような気持ちになります。こういう情緒的サポートをしてくれる場所をいくつかもっています。

ソーシャル・サポートを福祉業界では「**社会資源**」とも言います。社会資源は、「フォーマルな資源」（公的なサービス）と「インフォーマルな資源」（私的なもの）に分かれます。

公的なサービスは、相談すれば構築できますが、**私的な人とのつながりは長い**

時間をかけて築いていくものです。友だちや地域、行きつけのお店など、将来に孤立しないためにも大事に関係性をつくっていきましょう。

一番身近な人にこそ、感謝の言葉をしっかり伝える

人の意見に耳を傾けることは大事。でも、真に受けない

人と長く付き合っていくためには、気づかいや優しさというものが必要不可欠だと思います。それを忘れてはいけません。

Wさんは、知人の言葉で落ち込みます。その知人は、同業者でもあり子どもも同年代なので、仕事で会えばお喋りが弾む仲です。でも、**その知人の否定的な言葉が気になる**そうです。

たとえば、Wさんが「パソコン仕事で運動不足だから、1日1万歩くことにした」と話すと、「歩きすぎると膝にくるよ」と言ってきます。「うちの叔母も1万歩くと張り切って、膝を痛めたわ」と続けます。

Wさんは心のなかでは、「叔母さんって80代でしょう。私はまだ50代になった

ばかりよ」と思いますが、口では「歩きすぎは良くないかもね」と穏便に同調します。

またこんなこともありました。「同僚の息子が有名高校に入ったのよ、すごいね」と報告すると、「でも、ついていけなくて挫折する不登校の子もいるらしいわよ」と言います。

Wさん、友人は根はいい人なのだと言います。仕事でも評判はいいし人気もあります。それなのに、**会話をしていると気持ちがへこんでくる**そうです。

そうなると、Wさんが悩みます。みんながいい人と言っている友人が、私には否定的なことを言うのは、彼女の癖なのか、それとも自分のことが嫌いだからなのだろうか、と余計なこと

を考えてしまうようになりました。

私がアドバイスしたのは、いちいち真に受けず、距離をとって付き合うことでした。

世の中には、なんでもネガティブな言葉で返してくる人がいるものです。

「会社を辞めて起業しようと思う」に対して、内容を聞く前から「失敗するから、そんなことやめなよ」と言う人、「子どもができた」と言えば、「子育てってほんとに大変よ」などと、まずはネガティブな言葉を言う人。こういう人には近づかないようにしたほうが精神衛生のためにはいいでしょう。

相手の言葉には、まずは喜べばいいのです。誉めればいいのだと思います。

「歩くっていいよね。私も歩かなくちゃ」

「難関校に受かってすごいね」

「起業、応援するよ」

「子どもできたの、よかったね」

無責任かもしれませんが、他人事なのですから、本人がやりたいことを言葉で邪魔しても仕方ありません。

ネガティブな言葉は人間関係に棘《とげ》を刺していきます。柔らかい人間関係に棘で亀裂が入ることもあります。自分がネガティブな言葉で会話をしていないか気をつけてみましょう。

ここでも空海の言葉を思い出します。

「**慈悲を以《もっ》て本《もとい》とし、利他を以て先《さき》とす**」（『秘蔵宝鑰』）。人を慈しむ心をもち、人に利をもたらすような行動をとることが第一という教えです。そういう人が人に好かれる者になり、人も集まってくるでしょう。

言葉も同じことです。相手を思いやり、一緒に喜び悲しめることが大事です。勇気を与える優しい言葉をもちたいものです。

> 一度、口から出た言葉は
> 取り消すことができません

いい人間関係を結ぶには、「ただ相手の話を聞く」

「話を聞くこと」「聞く力」に関してはさまざまな本が出ています。聞く力が人間関係を良くし、ビジネスにも必要であることはわかっていても、実際に聞く力をもっている人は少ないかもしれません。

私たちは自分の話をしたいし、自己承認欲求があります。子どものこと、旅行に行ったこと、美味しいものを食べたこと、伝えたいことはたくさんあります。SNSでは写真入りで楽しいことが発信されています。でも、人間はそれだけでは足りないようです。生身の人間に話を聞いてもらってリアクションをもらうのが好きです。

それは相手も同じことです。話を聞いてもらいたい人が集まると、おのおの自分の話ばかりして一方通行の会話になっている場合があります。

一対一だと、力の強いほうが話しまくって、優しい人が聞き役になっている場合もあります。それが続くと、優しい人も辟易《へきえき》して、自分の話ばかりする人から遠ざかるかもしれません。優しい友をひとり失うことになりかねません。

私がおすすめするのは、**自分の話をしたくなったら、質問に切り替える**ということです。たとえば、友人に自分の娘の話をしたくなります。彼女がいい企業に入ってがんばっていることを自慢したい気持ちもあります。そこをグッと我慢して、「あなたの息子さんはどうしているの？」と質問します。

相手が「息子はこんなことしてがんばっている」という話をするときは、誉めながら聞きます。もしかしたら、「会社も辞めてしまってね。親の心配なんて届かない」と嘆いたら、それも受けとめましょう。

相手も一通り喋ると「あなたのところの、○○ちゃんは元気？」と聞いてきます。友だちの子も順調だったら、少しぐらい自慢してもいいかもしれませんが、友人が子どものことで悩んでいたら、「今の若い人はなに考えているのかしら」とお茶を濁すことも必要です。友人が自分の子と比べて余計に落ち込まないようにさせるためです。

「話を聞く」というのは、ただ相手のお喋りを我慢して聞くことではありません。**相手に興味をもつことが大事です。**くだらないお喋りのなかにも相手の心情が隠れていることがあります。相手がどんな状況かを知るために質問をすると、その状況によって話も合わせられます。質問しながら聞くことで、相手も話を聞いてもらえたという満足感を得ることができます。

「聞く力」は「質問する力」でもあります。**まずは自分の話はいったん忘れて、相手から面白い話を引き出す力をつけましょう。**

大人の付き合いの基本としては、相手をきちんと承認してから、自分も承認してもらう、ギブアンドテイクでいきたいものです。

言葉を畳みかければかけるほど、本当の思いからずれていってしまう

第4章

「ねばならない」から離れる

答えは、けっしてひとつではない

「○○すべき」という言葉で考えを押しつけない

人はさまざまなこだわりをもっています。「机の上をきれいに整えていない人は仕事ができない」と言う人もいれば、「乱雑じゃなければ仕事ができない」と片づけをしない人もいます。両方のタイプの人を知っていますが、それぞれいい仕事をしています。

こだわりをもつのは悪いことではありません。**良くないのは、こだわりを人に押しつけることです。**

男女が一緒に暮らしていると起こる、小さな衝突があります。

別々の家庭で育てば、それぞれの家庭の文化が染みついています。洗濯物の干し方、食事の出し方、洗い物はすぐにやる人と後でゆっくりやる人。「こうでなければならない」と突っ張っていたら、一緒に暮らせませんから、お互いに妥協しながら生活していきます。

「まあ、人それぞれやり方があるよね」と、自分に染みついた家庭文化をさらりと忘れ、新たな生活を築きあげればいいわけです。

自分のやり方が一番だと思うのは、少し狭いものの見方です。人間の数だけこだわりがあって、すべて違います。もしかしたら、他人のやり方を見て参考になることもあるかもしれません。

こだわりに執着するとき、俯瞰して自分を見てみましょう。大きな心で見れば、そんなにこだわらなくていいと気づくでしょう。

ある職場では、新人は30分前に早く出勤し、掃除とゴミ捨てをするという慣習がありました。今年入った新人は、「それは業務ですか」と聞きました。その30分に対してお金が出るのかということです。

主任のCさんは、「お金の問題ではない、新人の心得だ」と説明しましたが、新人は「ボランティアなら、僕は契約通り9時に出勤します」と答えました。

Cさんは、「オレが新人のときは1時間も前に来て、灰皿も洗ったもんだ」と嘆きます。「まったく今の若いものは……」という愚痴になりました。

それを耳にして所長がみんなを集めて話し合いました。慣例の朝掃除が今のままでいいのか考えるべきではないか。「前はこうだった」でなぞっていく仕事をする時代ではないという意見も出ました。

話し合いの結果、9時に出社したら、10分間、職員全員で身の回りの掃除をすることになりました。自分のゴミは自分で捨てるという当たり前のことです。

Cさんはしばらく面白くなかったそうです。**30年の慣習が否定され、自分も否定されたような気持ちになりました。**でも、9時掃除を実践していくと、これもいいのかと思うようになったそうです。

こだわりは、悪いことではありませんが、**些細なこだわりを「こうではなくてはいけない」と思い込んでいると、新しい世界は見えてきません。**

個人的に慣習で行ってきたことは惰性だったかもしれません。

新しいやり方、人のやり方を受け入れることで、生活のなかに変化が生まれてくるかもしれないのです。

他人が自分と違うやり方、考え方をもっていたら、**「そんな方法もあるんだ」と受けとめて、吟味してみる**ことも大事です。自分のこだわりを忘れてみることで、あなたの世界が広がります。

白か黒か、正か邪か、
という捉え方ばかりしない

色眼鏡をかけたままで人を見てはいけない

まだ40歳になったばかりのＪさんという男性がいます。その方はとてもおしゃれで服装に気を使う人でした。

でも、久しぶりに会ったら、雰囲気が変わっていました。

Ｊさんが言うには、ファッションが好きなので若いときから雑誌や本を読んで勉強をしていました。それらの本に必ず書いてあることがあります。

「人はまず足元を見る。靴はいいものを履くことが大事」

Ｊさんも足元に気を使って、値段の高いブランド物の靴を履いていました。くたびれた靴は履きませんでした。そういうことを信条にしていたので、ついつい人の足元を見てしまいます。くたびれた靴を履いていると顔をしかめました。

そんなJさんが仕事でパリに行きました。パリこそファッションの街です。仕事でいろいろな人に会いました。ところが多くの人がくたびれた靴を履いていました。ビジネスなのにラフな服装で履きつぶした靴で来たりします。

はじめは自分が軽く見られているのかと思ったそうです。しかし、それが彼らのふつうのファッションです。ブランド物の靴も直しながら履けなくなるまで履きます。きっと、パーティーとかそれなりの場ではビシッときめるのでしょうが、仕事をしているときはカジュアルです。

Jさんは、今までの日本のファッション指南書やビジネス指南書を少し疑いました。もっと

使い古したものを着てもいいんじゃないか、**もっとラフにいこう**と考えました。

それとともに人の見方も変わりました。くたびれた靴を履き、時代遅れのジャケットを着ている人を無意識に「仕事ができない人」と判断していたのでした。

つまり外見で自分は人を判断していたことに気がつきました。

外見が良くても中身が空っぽな人もいます。自分もそんな人種のひとりだと嫌な気持ちになったそうです。

Jさんは自分の昔の価値基準は忘れて、自分らしい新しいファッションと哲学を構築しようとしています。

私たちは、他人に対してさまざまなレッテル貼りをしています。

「あの人は東大出だから近づきがたい」「一人っ子だからわがままなのよ」「外国人に日本のことがわかるはずがない」など、まずレッテルを貼って人を評価します。

でも、東京大学を出た人は一人ひとり個性が違いますし、一人っ子だからわがままでもありません。外国の方でも、日本人以上に日本の言葉や文化に詳しい人もいます。私たちも外国の方に「日本人だから」とレッテル貼りをされたら、「私を他の人たちと一緒にしないでほしい」と反発する心も出てくるでしょう。**レッテル貼りは私たちの視野を狭くし、考える力を削いでいきます。**レッテルばかり貼って歩くと脳細胞は硬直していきます。

何度も言います。脳細胞が好きなのは好奇心、と考えることです。澄んだ心と目で、人と世界を見ていきたいものです。このことは認知症の予防にも、とても大事なことだと思っています。

自分が全部正しい、自分の価値観が絶対ということなどない

比べない、競わない、勝ち負けで考えない

空海の言葉に「**嫉妬の心は彼我より生ず。もし彼我を忘るれば即ち一如《いちにょ》を見る**」（『金剛般若経開題』）があります。「相手と自分の違いを比べるから嫉妬が起こる。同じ人間に変わりないと思えば、嫉妬心などなくなる」ということです。

しかし、人と比べてしまうのが人間の性《さが》といってもいいでしょう。

旧約聖書の「創世記」で、エデンの園を追い出されたエバは、カインとアベルを産みます。ある日、兄弟が神に捧げ物をしましたが、神は弟アベルの供え物に目を留められたのに、兄カインの供え物には目を留めませんでした。カインは嫉妬にかられて弟アベルを殺してしまいます。旧約聖書の冒頭、人類が始まったところで人間の嫉妬と殺人を見せつけられるのです。

カインはこのとき、「今日、神は弟アベルの供え物に目を留めたが、いつか自分のことも目に留めてくれるだろう」と受け流せませんでした。そのことにより起こる悲劇です。

嫉妬による悲劇は旧約聖書、新約聖書を通して繰り返し起こります。そういう人間の性を越えるためキリストが説き、ブッダや空海など、さまざまな宗教家が言葉を残してきました。

人は大きくかけ離れたものには嫉妬心も起きません。世界長者番付でいつも上位にいる、元マイクロソフト最高経営責任者のビル・ゲイツに嫉妬なんてしませんし、メジャーリーグ選手の大谷翔平さんに嫉妬するより応援する人が圧倒的に多いでしょう。

嫉妬は同じレベルの人たちの間で起こるものです。ドングリの背比べ状態のなかで、「あの人のほうがいいポジションにいる」「サークルのリーダーに可愛がられている」と嫉妬します。

嫉妬心が陰口となり毒を吐くようになると、心が蝕《むしば》まれていきます。

悪口を言っている間は気持ちいいのです。「あの人は取り入るのがうまいから」などと言えばスッキリします。しかし、悪口はあなたの品性を落とします。悪口は悪口になって返ってきます。

嫉妬をおさめる方法は、**今のあなたの生活を大事にする**ことです。自分は自分、人は人です。

医者をしていてわかるのは、どの家庭もなにかしら問題や闇を抱えているものです。「あの家はお金持ち」と思っても、家族の仲が悪かったり、病気で苦しむ人がいたりします。いろいろな意味で、空海の言うように同じ人間で、それぞれが苦しみや悲しみを抱えて生きています。

他人が、本当に幸せなのかはわかりません。

あなたは、他人のことで心が乱されるより、自分をしっかり生きることが大事です。

そして、毎日のいいこと探しをしてみましょう。

歩道の脇に咲く花を見たこと、空が青かったこと、病院でお年寄りが困っていたので手助けしたこと、新鮮な季節の野菜が手に入ったこと。毎日なにかしらあるはずです。

そうして、今日も一日良く生きたと、とりあえず誉めましょう。

よく考えれば、やり残したこともあるでしょうが、それらはいったん忘れて、**今日一日を生き抜いたことに感謝する**のです。だんだんと人に嫉妬する暇はないことに気がつくと思います。

自分にとって大事でないことは「どうでもいいこと」

心を込めて話した言葉は、相手の心にしっかり届く

忘れられない、心にひっかかっていることはありませんか。

案外、あなたの対応ひとつで変えられるかもしれません。

隣人とうまく付き合えない女性Lさんがいました。きっかけは、Lさんの庭の木が伸びすぎて、隣家から「陽当たりが悪くなる」と言われたことです。隣家の人が言ったのではなく、その家を売りに出している不動産業者が「ここに入る人が、陽当たりが悪くなると言っているんですよね」とLさんに話したのです。

家はLさんの実家で、その柿の木は母親が植えた思い出の木でした。渋柿でしたが、よく干し柿をつくっていました。そんな思い出もあり、断固として切りませんでした。

引っ越してきた隣人とは、すれ違うときに頭を下げるだけで言葉は交わしません。隣人は若い人です。子どもも生まれて大きくなってきました。

3年ぐらい経ったある日、天気が良く気持ちのいい日にLさんが庭の草取りをしていると、隣家からも子どもの笑い声が聞こえてきました。そして、隣家の女性が「柿の実がたくさん生《な》っていますね」と話しかけてきました。

Lさんは嫌味のように「この木を切らないで悪かったですね」と答えました。隣家の女性は「切るなんて、とんでもない。私、この木が好きなんです」と言います。Lさんは「えっ！」と思いました。

「陽当たりが悪くなるから切ってほしがっていると聞いたけど」

「この家を見にきたときに、テラスに陽が当たらなくなると夫が言いましたが、今では夫も、日陰になって暑い夏はいいと言っています。気になさっていたのですね、ごめんなさい」

こんなことを言われて、**ずっと気にしていたこの3年間の自分がバカらしくなりました。**「私のほうこそ、木のことでご迷惑をかけていることがわかっていて、意地を張っていてごめんなさい」と、Lさんも謝りました。そして、母の思い出の木であることも話しました。

それからは毎年、隣家の女性が柿の実をもいでくれるそうです。Lさんは年をとって手を伸ばすのがつらくなってきましたから。そして2人で干し柿をつくるのだそうです。

Lさんは「さっさと私が隣家に木を切れないと謝りに行って話し合えばよかったのです」と話します。謝って話せば、わかりあえることもあるし、3年も胸のモヤモヤを抱えなくて済んだのにと思ったそうです。

ちょっとした行き違いから、感情のしこりを抱えたまま生活している人も少なくないかもしれません。

自分は悪くないと思っても、とりあえず謝って言い訳してみるという方法もあります。しこりを忘れていくためにも、言葉にして謝り、話しあうことをしてみましょう。わかりあえることは多いのです。

「ありがとう」「ごめんなさい」は、人間関係を円滑にする

友人が多いのはいいこと。そう刷り込まれてはいませんか

世の中では、独り暮らしの高齢者を「かわいそう」「お淋しいでしょうね」という同情目線で見ることがまだ多いようです。マスコミの報道などにも、いまだにそういう意識でのコメントが見られます。

しかし、日本の高齢者の自殺数を調べると、独り暮らしの方より家族と住んでいる方が多いという調査結果があります。独りでいるより、家族と暮らしているほうが余計に孤独を味わうことがあります。

高齢者の独り暮らしが孤独というイメージはそろそろ払拭してもいいと思います。

配偶者を介護ののち看取ってから自由に自分の時間を楽しむ人もいます。「孤

独」「孤立」などと不安を煽る話は多いのですが、お金がなくても悠々自適に好きなことをして独り暮らしをしている方は、実は多いのです。

「老いたら孤独が心配だ」という人がいますが、心配は忘れましょう。

孤独かどうかは人が決めることではありません。孤独も友だちという気持ちになれる自分をつくってほしいと思います。

孤独を友だちにするために、必要な武器は好奇心です。

外に出ることができない病気の高齢者の方を知っています。その方の趣味は、大河ドラマと相撲です。毎年大河ドラマのテーマになる時代の勉強をします。相撲にも非常に詳しいです。

彼が言うには、「週に何本か楽しみにしている番組がある。それを待つだけでも日々楽しいし、今は配信で見られたりするから、昔の大河ドラマを見返して忙しいくらいだ」と話します。

外から彼を見れば、独り暮らしのうえに病気で「かわいそう」と思ってしまいますが、本人は大いに楽しんで生活しています。

もちろん彼も淋しいときはあるでしょうが、**まったく淋しくない人生なんてあるでしょうか。**

淋しさを感じない人はつまらない人のように思います。淋しさを感じるから、私たちは月を愛《め》で、虫の音《ね》に詩を感じてきたのかもしれません。

淋しいことは悪くないのです。

淋しさから感性が生まれます。

ただ、極端な「孤立」を防ぐためにも、まわりにネットワークをつくる努力はしたほうがいいでしょう。近所付き合いをする、サークルなどに入る。介護サービスを利用するなど、人とつながる術《すべ》を用意しておいてください。

孤独とは、あなたを豊かにする
大切な時間

「認められたいからがんばる」のでは、幸せにたどりつかない

若いころはよく誉められます。下手なプレゼンをしても、上司は励ますつもりで「なかなかよかったよ」と言ってくれます。新しい服を着ていくと誉められたりもしました。美味しいものをつくると、子どもたちが「美味しいね」と喜んでくれました。

年代を重ねると、誉められることが少なくなります。仕事はできて当たり前、家事もやって当然です。

年代が上がるということは、まわりに年下が増えます。でも、若い人は気軽に「今日の服、素敵ですね」なんて声をかけてくれません。つまり、人を誉めて育てる年代になってきたので、誉められることがなくなったのです。

でも、人は誉められたい。そんなときにやってしまうのが自慢話です。「すごいですね！」と言われたくてついつい昔の手柄を話してしまいます。

また、お金があると高いものを身につけて、「すごい時計ですね」と誉められることも快感になります。過去の栄光とか金目のもので尊敬されるという愚を犯しがちです。たまにそういう人を目にすること、ありませんか。

承認欲求が悪いことだとは思いません。人に誉められたいのも人間の性です。ただ、**人の承認に自分の存在意義があると勘違いをして、人の言葉に依存的になるのは危険です。**自分が本当はなにを求めているのかわからなくなってしまうことがあります。

ある買い物依存症の女性がいました。高いお店で服を買うのが生きがいです。給料は洋服代に消えていきます。

買い物依存症を克服してからわかったことですが、お店の人や会社で「素敵」と誉められるのが快感だったそうです。最後は自己破産し、治療を受けてからは、めったに買い物をしなくなりました。今はＳＮＳで写真を投稿することにはまっているそうです。

依存症となる原因は、ある行動によってドーパミンという快楽物質が中枢神経を興奮させて強い喜びや興奮を感じるからなのです。これは他のギャンブル依存等と共通しますが、**一度覚えた快楽をもう一度感じたくて何度も同じことを繰り返すのが依存症です。**

先の買い物依存を克服した女性に危うさを感じるのは、人の言葉やSNSの「いいね」に自己の承認を求める傾向があるからです。

私たちは多面的に自己承認されたい気持ちがあります。勝ちたいという気持ち、自分を認めてほしい気持ち、自分がいると知ってほしい気持ちなど、誰もが抱えている面です。でもその中心には自分という核がいます。一番大事なのは、**自分が自分を承認すること**です。

多面体の鏡をいくら磨いても、核となる自分が淋しさを感じていると依存症の罠《わな》にはまることになります。

私たちは誉められたい。でもその前に、自分の核を磨いて可愛がってあげましょう。**自分が磨かれるためにはなにが必要か探していきましょう。**

そのために好きなことをたくさん見つけてほしいと思います。

ひとつの趣味に依存するのではなく、たまに競馬をするけれど、山に登ったり旅行したりするのも好き。洋服も好きだけど、絵画を見るのも好き、映画も好き。SNSも好きだけど、本を読むことも好き。自己承認の多面体をあなたの好きなもので埋めるのです。

そうやって自分を楽しむ術を覚えていくうちに、自己承認されたい気持ちも忘れていきます。

やるべきことは、人に承認されるような人生を生きるのではなく、自己承認できる人生を歩むことです。

> 大切なのは、揺るがない自分をもっていること

夢中になれることを見つけて、脳のネガティブな働きを止める

「**レジリエンス**（resilience）」という言葉を聞いたことがあると思います。心理学用語で「回復力」「復元力」という意味があります。

イメージとしては、木の枝に雪が積もりました。枝は折れそうです。でも枝はしなやかに雪の重みを払いのけて、元のかたちに戻ります。この枝のように、**しなやかな回復力が私たちの心にあります**。それがレジリエンスです。

レジリエンスをネットで検索すると、最近ではビジネス業界での活用が多いようです。「ストレスに強くなるためにレジリエンスを高めよう」という研修が目につきました。

レジリエンスが注目されたのは、大きな災害に遭い精神的にダメージを受けた

人たちに対する研究でした。強いストレスを経験してPTSD（心的外傷後ストレス障害）となる方たちがいる一方、ストレスから回復していく（完全な回復ではないまでも病的にはならない）人たちもいます。その違いはなにかという研究から、精神的な病気に至らない人たちにはある種の回復力があったことが示されました。

レジリエンスをもっている個人的要因でよく言われるのは、**未来志向の考え方**です。目の前の不幸を乗り越えられる、と信じて動ける力です。

しかし、そういう力を誰もがもっているわけではありません。家族を目の前で亡くし、悲しみで動きがとれなくなった方や、生活再建の見通しが立たなくて呆然としている方もいます。そういうときに、レジリエンスをもてるような支援や人とのつながりが大事だとも言われています。これが外的要因となります。

災害などの大きなストレスは簡単に忘れることはできないと思います。そもそも簡単に「忘れなさい」とは言えません。でも、自分には「回復する力がある」と信じてほしいのです。

真剣に悲しんだあとに立ち上がれるときが来ます。

つらいことや悲しいことを一時的に忘れるためにいい方法は、目の前の仕事を一生懸命やることかもしれません。

災害で避難所に避難した女性の話です。津波で家が流され、避難所で茫然自失して座り込んでいました。そんなとき、「避難所の炊き出しを手伝ってくれないか」と行政の人から声をかけられました。

最初は「もう体に力が入らない。それどころではない」と断りました。でもしばらくして、避難所には高齢者が多いことに気がつきました。人手がないことも理解でき、炊き出しを手

伝いはじめました。たくさんの野菜を切り、豚汁をつくり、たくさんのおむすびを握っていました。

目の前の仕事をこなしているうちに、「生きていける」と思えるようになったそうです。元気が出てくると、避難所の運営のやり方などにも意見を言い、自宅を再建した今もボランティアとして活動しています。

とりあえず、目の前のことに一生懸命になる。そこに回復力が生まれるのだと思います。

事に臨む前から結果を気にするのは、やめましょう

目の前の一つひとつに心をつくしながら生きていく

青森で「森のイスキア」を主宰した佐藤初女《はつめ》さんは「私は面倒くさいっていうのがきらいなんです」と言っていました。

そんな佐藤初女さんが『初女さんのお料理』のなかで、ある失敗したエピソードを書いています。

彼女は、自分の料理の定番である人参の白和えを料理講習会でつくっていましたが、ある日、「いつもつくっているのだからいいだろう」とつくらなかったそうです。そうしたら、受講者から「人参の白和えが食べたくて来たんです」と言われてしまいました。

初女さんにとっては、いつもつくっている人参の白和えも、受講者にとっては、一期一会の白和えです。初女さんは、ひと手間をはぶいてしまった心を大いに反省して、急いで人参の白和えをつくってみせたそうです。

生活することは面倒なことばかりです。

私たちは「面倒だな」と心で思うことは多いです。しかし**日々の雑事ができることが幸せだった**のだと、病気になったりすると気がつきます。

新型コロナウイルスに感染したあと、体がだるくなる後遺症が残り、やる気が出なかった女性がいます。仕事にも行けず家にひきこもっていました。

家事のなかでもゴミ捨てが大変です。朝、起きられないのです。調理する気持ちにもなれません。

お弁当やレトルトや惣菜を買います。そうするといつもよりゴミの量が増えます。朝のゴミ出しができずにいたら、あっという間にゴミ袋が溜まってしまったそうです。つくづく、雑用ができたころの自分がありがたいと思ったそうです。

「面倒だ」と考えると脳がネガティブ思考に陥りやすくなります。

「私ばかり仕事の負担が多い」とか「時間がない」という考えがグルグルと脳内

をめぐり不満が溜まります。自分にも他人にもおざなりになってしまうことがあります。

「面倒だな」という気持ちが出てきたら、目の前のことに集中して一つひとつ片づけていきましょう。

毎日の雑事も面倒なことではなく、今日の生活の成果だと思い、今動けることに感謝したいものです。

「面倒」という言葉が頭に浮かんだときは、その言葉は忘れるようにして、自分のためにもきちんと生活し、人にも丁寧に接していくようにしましょう。

目の前にある「やるべきこと」、
すべてがあなたにとって大切なこと

70歳くらいまでにこれができればいい。そんなゆるやかな目標をもつ

高齢期に入った人に「いつの年代がよかったですか?」と聞くと、「40代、50代にはエネルギーがあった」という答えがよく返ってきます。20代、30代はまだ若く、右往左往していましたが、だんだんと家事や仕事のやりがいが見えてくるのが40代以降なのかもしれません。

そして「60代は自由です」という言葉も聞きます。子どもがいる方は、ようやく肩の荷が下り、仕事も定年を迎え、時間や心の余裕が出てくるころです。

尊敬する日野原重明先生も「**人生は3つに分けて考えてみたい**」と書いています。

第一の人生は、他から受けて生きる人生。親や先生から守られ教えられ、栄養

を与えられます。

第二の人生は、会社に入ったり、家庭に入ったり、社会的活動に参与する段階です。

第三の人生こそが自由に生きる段階です。自分のお金で生き、自分の時間を自由に使えます。

ただ、日野原先生はこう言います。

「会社からほうり出されて、いわば大きな船から降ろされて、小さなボートに乗り移った時に、自分は会社のために随分努力をしたとしても、いざそれから離れる時になって自分というまたとない自己を形成する余裕がなかったことにはじめて気がつくのです」（『生きることの質』）

ですから、定年前に自分を自由に伸ばすために準備をはじめなさいと書きます。

60代からは人生のなかでいちばん貴重な自由な時間です。

「勉強しろ」「業績をあげろ」と言われることもなくなります。子どもの受験にオロオロせず、明らかにそれ以前よりも自由に、自分の考えで生活を組み立てることができます。

しかし、それが苦手な方もいます。今まで、やるべき課題を学校や会社が与えてくれたからです。しかし、**自由とは、自分で考え自分で動くことなのです。**まさに小さなボートでひとり、沖に出る感じです。

知り合いの女性の夫は、定年を迎え、「やりたかったことをやらせてくれ」と妻に頼んだそうです。やりたかったことは日本一周です。軽自動車のバンを改造して、車中泊できるようにしました。それに乗って、九州を2か月ゆっくりまわり帰ってきました。しばらくはアルバイトをして、こんどは東北をまわってくると言って2か月いなくなります。

「行く先々で家族のグループLINEに写真を送ってきますし、亭主元気で留守がいいって思います。私もラクです」と妻は言います。

夫は日本一周しながら、たくさんの人とふれあい、記録を書いています。ときどき、農家の手伝いに泊まりこむことがあるようで、リンゴや野菜がたくさん送られてきます。妻もいつか行ってみたくなったと話していました。

この話を聞いて、私も羨ましくなりました。学生時代にしかできなかった自由な旅がシニアになってできるのです。学生のときより少々自由になるお金があるのもいいところです。実際、シニアの旅が盛んになってきています。

いろいろなしがらみを忘れて旅に出る自由さをもちたいものです。そのためにも、40代、50代の働き盛りに、シニア時代の自分の自由をどう謳歌するか、計画していきましょう。

目標に縛られると、かえって生活が窮屈になってしまう

「がんばらなきゃ」で自分を苦しめてはいけません

私たちは十分がんばっています。それを認めることから始めませんか。

50年生きた人も道を外れず、外れても戻り、とりあえず食べて生活してきた自分を誉めてください。

私たちは自分に厳しすぎます。もっとがんばれ、もっとなにかできるはずだと考えます。中高年になっても競争社会を走ってきた感覚が抜けないのでしょう。

60歳からは自由の時代に入ると説明しました。それは競争社会のレールから下りる人生です。下りてから本当の人生が始まるのかもしれません。

60歳で俳句の会に入ったある男性は、自分がなかなか賞も取れず、上にあがれないことにイラついて、2年で辞めました。本当に俳句をつくるのが好きではなかったのかもしれません。創作するより、自分が上か下かにこだわってしまう損な性格でした。

それとは別に定年後に俳句を始めて、30年のベテランだという90歳の方もいます。賞などに縁はありませんでしたが、飄々《ひょうひょう》と俳句をつくり今では地域のイベントの人気者です。

「そうか、定年後が勝負だな。がんばろう」と意気込みすぎる人もいますが、適当にやることをすすめます。がんばりすぎは禁物です。**日本人は、がんばるのが得意ですが、休むのは下手です。**ぼんやりするのも苦手、常になにかしている状態です。

自由になったときになにをするか、あまり意気込まないで、素直な心で自分の好きなことを探してください。

「やりたいことなどない」という人は、とりあえず外に出て歩きましょう。絶対に自分のなかにある好きなことが見つかるはずです。

そのときにまずしてほしいのは、自分を誉めることです。半世紀生きたこと自体が奇跡です。今ここに自分がいることに感謝しましょう。そのうえで、**自分はどんな高齢者になりたいのかイメージしてみます。**

もう若くなくても、太陽に向かう向日葵《ひまわり》をイメージしてください。大きく手をのばして、空を見あげましょう。

向日葵にはたくさんの種がつまっています。あなたにも種があります。それを見つけましょう。

枯れ向日葵は、種を残します。しかし、枯れるにはまだ早い、これからが自分らしく楽しく生きる時代です。なにを残すかなんて考えないでいいのです。まずは自分が楽しく生きる方法を考えてください。

誰かの評価より
自分が納得できるかを大事にする

第5章

頭に浮かんだものを流す

大切なのは一瞬一瞬を精一杯生きること

マインドフルネスを知っていますか?

マインドフルネスは、仏教でいう瞑想《めいそう》です。おおもとはインド哲学、ヨガの哲学などですが、仏教的な瞑想から「仏教的な要素を除いて」アメリカで発展したものです。

今ここにいる自分を大切にしようという思想があります。なぜ、今ここの自分を大切にするのかというと、人間は過去や未来にとらわれて、今を大事に生きていないからです。

今ある生《せい》の奇跡を受けとり、自分の潜在能力を発揮するためには、とらわれていることから解放され、今を楽しむことが必要です。

瞑想にはリラクゼーションの効果も高いという研究結果が、脳科学の分野で発表されています。その効果を取り入れ、瞑想はマインドフルネスという一種の心理療法として広まっていったという経緯もあります。

一番有名な瞑想実践者は、アップルの創業者のひとりであり、iPhoneを世に広めたスティーブ・ジョブズです。座禅を組むことを習慣にし、気づきや発想を得たといわれています。そのため、心理療法としてだけでなく、意識が高いビジネス界隈の人たちにヨガとともにマインドフルネス（瞑想）が受け入れられ、活用されていきました。

しかし、流行っているのは知っているけれど、よくわからないという人も多いと思います。

マインドフルネスを日本語に訳すと、「**心をとどめておくこと**」「**気がつくこと**」「**注意すること**」という意味になり、もともとは仏教用語からきています。海外からの逆輸入のようなかたちで日本に戻ってきたマインドフルネスは、禅というよりセラピーに近いものと考えていいかもしれません。

現代の私たちはとにかく忙しいです。電車に乗れば、誰もがスマホを眺めています。私以外の全員がスマホを見ている光景を目のあたりにして、少し考えさせられたことがあります。

自分の学生のころを思い出せば、電車の出入り口に立って外の景色をぼんやり見ているのが好きでした。なにを考えるわけではなく、外を見て「菜の花が咲いているなあ」「春だなあ」とぼんやりします。日常でマインドフルネスに近い状態に自分を置くことができました。

今は、ボーッとしていることは悪いことのようです。いつもテキパキ情報処理する人が優れているような風潮があります。

スマホをぼんやり見ていても、なにかしらの情報が脳にどんどん流れ込んでくるので、脳はそれに対して反応したり、いらない情報を捨てたりという処理を行っています。スマホを見ない高齢者でも、一日中テレビをつけているという人は多くいると思います。

現代の私たちは脳が忙しすぎて、冷静にものごとを考える力がなくなっています。

溜め込んでしまった情報を手放すのも下手になっているようです。

さまざまなことを同時に考え疲弊した脳を休めるには、意識的にマインドフルネスを行うのが効果的です。

また、マインドフルネスを行うことで、**心ここにあらずの状態から抜けだすことができます。**人の目や評価を気にせず、自分自身に向き合い嫌な感情を忘れることにつながります。

メンタルケアにおいても、マインドフルネスは有効なのです。

目に入るものが多ければ多いほど、心にも雑念が生まれやすい

ただ流す。ものごとにとらわれない柔らかな心をもつ

マインドフルネスを没我の状態、無になることだと勘違いする方が多くいます。そのため、「いくらマインドフルネスしても無になりません」と言われることがあります。

無になることができるのは、相当な修行をした禅宗の僧かヨガのマスターぐらいでしょう。凡人の私たちが一度や二度座って目を閉じても、頭を空っぽにすることはできません。

瞑想は仏教の開祖であるブッダから伝わったといわれます。日本では、鎌倉時代に禅宗が広まりました。鎌倉には、円覚寺《えんがくじ》や建長寺《けんちょうじ》など座禅体験ができる有名な寺が多くあります。

長い年月の間に瞑想法は人それぞれに工夫され、受け継がれてきたものです。そのため**「これが完全なる瞑想方法だ」というものはありません。**

マインドフルネスも禅の教えの支流のひとつとして位置づけられますが、マインドフルネスのやり方も人それぞれでいいのだと思います。

マインドフルネスを試みた方はわかると思いますが、**脳というのは雑念がどんどん湧いてきます。**

考えないようにしても、「明日の会議の準備をしなくちゃ」「夕飯になにを食べよう」「そうだ、あの人にメールしなくちゃ」というような、些末《さまつ》なことが次々頭に浮かんできます。

それでいいのです。

雑念が浮かびますが、それにとらわれないで流していきます。**どんどん流していくうちに水が澄んでいくように、頭のなかがスッキリすることがあります。**

雑念が浮かんで「あれはどうなっていた」と考えはじめると、すぐにスマホを手に取って調べたくなりますが、スマホは置いて、自分の脳を信じて瞑想をします。

本当に大事なことは、あなたの頭のなかに埋もれているのかもしれません。**それを探りながらも流していく。**そう簡単なことではないかもしれませんが、何回かチャレンジすると脳がスッキリするでしょう。

負の感情は、意識しないとなかなか剥がれ落ちません

心が本来あるべき姿に出会う。成すべきことに集中する

私たちは過去にとらわれ、未来を憂え不安にかられます。

「嫌なことは忘れましょう」と誰でもわかっていますが、簡単なことではありません。「老後のことを心配しても仕方ない」と思っても、不安で胸が締めつけられることがあります。

地球の広大な時間のなかで、人間が生きられるのは長くて80年から100年です。その限られた時間をあなたは半分以上生きました。あと、何年生きられるかは誰にもわかりません。**できることは、今をしっかり生きることです。**

子どものように「今日も一日楽しかった」と思うことで、前に進んでいくのです。

大切な今の時間を後悔や怒りの感情で費やしてしまうのは、生きているという生《せい》に対してもったいないことです。そういうことを感じるためにもマインドフルネスがあります。

ある難病にかかった建築家の男性がいました。50代で仕事も軌道に乗り、子どもも大学に入り、これからもっとやりたいことをやろうと思っていた矢先です。仕事を休んで入院し、仕事仲間や友人にも会いたくないのでお見舞いも断っていました。すっかりふさぎ込んでいた彼を妻はどうしたらいいかわかりませんでした。希望をもたせようと「良くなるわよ」と言っても、「そんなのわからない」と機嫌が悪くなります。

ある日、近所のお寺で座禅会があると知りました。妻はなにかピンときたそうです。自分たちは無宗教だけど、死を目の前にした人には宗教が必要なのではないか、でも神様を信じられる人ではないので、座禅はどうだろうかと考えました。はじめは嫌がっていた夫を連れ出して、毎週土曜日の座禅会に出かけるようになりました。すると夫は、少しずつ変わってきたそうです。

夫のなかでなにが起こっているのか、妻は聞いたそうです。夫の言葉は単純でした。「クヨクヨしても仕方ない」と言い、「**人間、なるようにしかならない**」とも思ったそうです。

つまり、あと何年生きるかわからないけれど、今は間違いなく生きている。それを受けとめて毎日過ごせばいいだけだと気がついたそうです。

この男性は、その後茶道にも興味をもちました。体調が安定しないので、以前のように大きな仕事は手がけられませんが、小さな茶室や別荘などの設計を楽しくやっていると言います。

私たちは、いろいろな感情の波のなかで生きています。「楽しい」「悲しい」「悔しい」「不安だ」。その感情の小波《さざなみ》が大波になり自分自身が呑まれてしまうことがあります。そんな脳のネクラの仕組みを落ちつかせ、リラクゼーションさせるのがマインドフルネスの効用です。

空海の言葉に「**始めあり終わりあるは、これ世の常の理**《ことわり》**、生者必滅**《しょうじゃひつめつ》**はすなわち人の定まれる則**《おきて》**なり**」(『大日経開題』)があります。意味は、「生をうけたものは必ず死を迎える」という当たり前のことです。その当たり前のことを忘れて驕《おご》り高ぶる人間を戒める言葉でもあります。

人生の半分を生きてきて、死に近づく今だからこそ、この「今」を大事にして生きたいと思います。

今この瞬間に、自分がいるこの場所で、できることをやる

幾層にも重なっている執着を、一つひとつ剥がす

禅に「放下著」という言葉があります。「ほうげじゃく」と読みます。「放下」は、放り捨てる、手放すという意味で、「著」は、命令の助詞です。

この言葉は、『五家正宗賛《ごけしょうじゅうさん》』の趙州《じょうしゅう》和尚の章に出てきます。

修行を積んだ僧が和尚に「自分は修行で無一物《むいちもつ》となった」と言います。それに対して和尚が「放下著！」と言い渡すのです。

修行僧は「無一物」、つまりなにももたない状態になったという自慢を和尚にしました。そこにまだ執着があると叱ったのです。悟るというのは、無であることさえも超えたものなのかもしれません。

瀬戸内寂聴さんにも「永遠の愛も、平和も、衣食住の快楽も、手に入れたと思っ

たときから、それを失う怖れという苦が始まります。人は執着する心から逃れられなくなるのです」という言葉があります。人間は執着心が強くあります。**一度手に入れたものを放せない。そこから苦労や争いが生まれます。**

ダイエットに失敗ばかりしていたのに、マインドフルネスのおかげで成功した女性がいました。

ダイエットをしなくてはいけないのに、ついつい甘いものを食べてしまう彼女に、「食べたくなったら、5分でも10分でもいいですから、マインドフルネスをしてみましょう」と提案しました。

暇だと、ついなにかをつまみたくなります。そんなとき、深く呼吸してマインドフルネスをしてみます。そうすると、一時的ですが食べるのを我慢できるようになったそうです。

彼女がダイエットに成功したのは、マインドフルネスで食べるのを我慢したからだけではありません。**甘いものを食べるという欲求を手放していったのです。**その裏に、自分へのこだわりと執着があることに気がついたからできたと報告してくれました。

彼女はいつも心に不全感があり、ストレスが高すぎて、つい食べてしまいます。「これだけ働いているのだから、食べて発散するくらいいいだろう」と考えていました。

マインドフルネスをやってみて、見えてきたのは自分のストレスと生活習慣だったそうです。**虚しさがあることにも気づいたと言います。**虚しさを埋める食生活以外のやり方も自分にはあるかもしれないと考えました。

10分のはずのマインドフルネスが30分になり、1時間になっていきました。そうしたら「体がもっと違うものを要求しているのがわかってきたんです」と言います。

体がチョコレートやポテトチップスではなく、野菜やきちんとしたものをもっと食べさせろと言ったそうです。それから、食生活を本気で見直せるようになりました。

彼女はまだ、自分自身の問題を克服できてはいないそうですが、甘いものに対する執着を手放す効果があったことはたしかです。

執着は簡単に捨てられるものではありません。しかし、自分の執着を知り、**自分は本当はなにを望んでいるのか、どういうふうになりたいのか**を知るためにも、マインドフルネスをやってみる価値があると思います。

「これはいらない、かも」という視点で生活を見直してみる

心がざわつく、収まらない。解決するにはまず「呼吸」から

それでは、基本のマインドフルネス（瞑想）をお伝えします。

まずは座りましょう。座り方はどんなかたちでもいいです。座禅を組んでもいいですが、体が硬いと負担がかかります。胡坐《あぐら》をラクに組んでもいいですし、正座でもかまいません。膝が痛い人は椅子に座って行うのがいいでしょう。

①座った状態で体の力を抜きます。

②手は膝にのせても組んでもよく、自分が疲れない位置におきます。

③目は閉じても、開けていてもかまいませんが、最初は閉じたほうがやりやすいでしょう。

④肩の力を抜いて、ゆっくり呼吸します。

この呼吸が大事です。**ゆっくり吸って吐いてという呼吸を意識すると、しばらくは雑念が湧いてきません。**

吸って吐いてを意識するのは、最初は10回できるかどうかでしょう。すぐに脳は雑念にとらわれはじめます。つい仕事のことや人間関係のことなどが浮かび、それに伴って怒り、不安、心配といった感情が出てきます。この雑念は深追いせずに流します。次の雑念も流します。

瞑想していると、忘れていたことを思い出したり、なにかアイデアやら言葉が浮かんできたりすることもあります。それを流したくないときは、メモを取ってください。マインドフルネスをするときはメモ帳を用意しておくこともいいと思います。書きとめれば、脳は安心して次の雑念へと移ります。

時間を決めるのもいいでしょう。**最初はタイマーをセットして10分座ります。**

初心者は、この10分間に耐えられないようです。しょっちゅうタイマーを見てしまう人もいます。

まずは、タイマーの音が鳴るまで座ってください。慣れると10分は短すぎると、時間を延ばす人もいます。そのときの時間的余裕や体調によって座る時間を決めてかまいません。

「マインドフルネスはいつやればいいですか?」と聞かれることがありますが、**自分の好きな時間で大丈夫です。**

朝の目覚めのときに座る人もいれば、寝る前に蝋燭《ろうそく》を灯して座るという人もいます。仕事中に頭がヒートしてきたら、昼休みに公園や会議室でひとり座って気持ちを落ちつかせるという人もいます。どこでも自由に行ってください。

マインドフルネスは自由です。自分にあったやり方を見つけ継続することが大事です。

> 心をリセットするためには、
> 行動が先。心は後からついてきます

あせらない、あわてない。なんとかなる、大丈夫

マインドフルネス（瞑想）をしているとき、頭のなかが雑念で埋まってしまう人は、こんなふうに想像してみてください。

山の上に一本の大きな木がどっしり立っています。
あなたはその木です。
体を天に伸ばし、太陽の暖かさを感じます。

イメージすることで脳は一時的に嫌な雑念から離れられます。
木ではなく鳥になって空を飛んでもいいかもしれません。あなたがイメージし

た木に挨拶へ行きましょう。

アスリートは、イメージトレーニングが大事だと言われます。

あるスキーヤーは、コースのデコボコを体で感じながら回転し、うまく滑る自分をイメージするそうです。

風に乗って早く滑る自分をイメージします。実際は、数々の失敗をしている苦手なコースです。でも、そんなことは忘れて、難所をクリアする自分を頭に描くのです。

人間は「ああ、失敗する」と思うとたいてい失敗します。自分には無理だと思っても越えられるとイメージすることが大事です。

木をイメージする話をしたときに、自分の好

きな木を決めて思い描くと、瞑想しやすいと話してくれた人がいました。実際に木に触れ、そのざらざらとした木肌やぬくもりを思い出すそうです。

一本の木になり、一羽の鳥になり、気持ちいい風を受けてください。

「自分は大丈夫」「自分は乗り越えられる」とイメージしてみましょう。不幸や失敗を忘れられる元気が出てきます。

アスリートではない私たちにも、イメージトレーニングには一定の効果があるでしょう。マインドフルネスをしながら自分のいい状態をイメージしてみてください。

逆境があるから人生は面白い。
乗り越えられない試練はありません

下っ腹に意識を集中して、ゆっくりと息を吐き、吸い込む

せっかちな人がいます。マインドフルネスをしても時計を見てばかり、静かに座ることができません。そういう人は、きちんとした呼吸法にこだわらなくていいので、まず座ってください。

そして**大きなため息をついて肩の力を抜きます。**おへそより指3、4本分下がったところにある「丹田《たんでん》」に両手を重ねて、ただ呼吸してください。丹田からふぅ〜と息を吐き、次に吸い込んだ息を丹田にまっすぐに落とすのです。

イライラのもとはいろいろあると思いますが、とりあえずこの方法で鎮めることができます。

あるホテルのコンシェルジュは、この方法でイライラを鎮めていたそうです。

どんなに優秀なコンシェルジュでも、難題を持ってくるお客さま、無理を言ってくるお客さまにはイライラさせられます。腹が立つというほどではないのですが、どうしたらいいかわからなくなると教えてくれました。

そんなときは、奥の椅子に座り、丹田に力を入れて呼吸します。そうして「なんとかなるさ」と考えるそうです。表に出るときは、にこやかな顔をして接客に戻ります。

感情は、顔に出ます。隠そうとしても、怒っているとかイライラしている感情を、相手は受けとってしまうものです。

相手にこちらの感情を受けとらせないためには、自分が平常心に戻らないといけません。即効性のイライラを忘れる方法が、このただ座って呼吸し「人生、なんとかなる」と思うことなのです。

感情のおもむくままに振る舞うのでは、人間関係に軋轢が起こります

今ここで意識を向けることができるのは一つの作業だけ

編み物が好きな患者さんがいました。入院中も調子がいいときは、手を動かしてなにかを編んでいます。「編んでいると心が落ちつくのです」と話します。

手仕事の趣味をもっている人は穏やかな人が多いように感じます。たぶん、**目の前の一つのことだけに注意を向けて取り組む**ことによって、知らず知らずのうちにマインドフルネスの境地に入りやすくなっているのではないでしょうか。

脳は一つのことしか考えられません。ラジオを聞きながら、編み目を追うだけで脳は精一杯です。それがこれからの不安など考え込んでしまうのを防いでいます。手を動かしただけの成果が目の前にあるのですから、達成感も味わえます。

知り合いの数学の教師が仏像を彫るのが趣味だったことも思い出しました。研究室に行くと、手のひらサイズの仏像を彫っているのです。家では、もう少し大きい仏像を彫っていると話していました。今思えば、学校のストレスを、仏像を彫ることで癒していたのかもしれません。**手を動かすことによって、自分が自分に戻れる時間を確保**していたのだと思います。

手仕事の趣味を提案すると、「不器用なので無理」「コツコツやるのは苦手」と言う人もいますが、手仕事の世界はとても広いです。折り紙でいろいろなかたちのものをつくるのが好きな人、プラモデルを組み立てるのが好きな人、絵を描くのが好きな人もいますし、プロ並みの鎌倉彫の腕をもつ人も知っています。

嫌なことを忘れて目の前のことに没頭するのに最適なのは手仕事かもしれないい、と最近つくづく思います。そのうえ、認知症にもなりにくいともいわれています。自分の好きな手仕事を見つけてみましょう。

今このとき、この瞬間とどれだけ真剣に向き合っていますか

心のなかを埋め尽くすくらいに増えすぎたものを減らす

「なんだか疲れているなあ」と思うことがあります。食欲はあり、眠れているのに疲れがとれません。

更年期障害も終わり元気になったと思ったのに、毎日疲れている女性がいました。いろいろ検査をしましたが病気はありません。そこで、疲れをとろうとマッサージに通いました。

マッサージすれば体がスッキリしますが、その効果は一日ももちません。

その方が、友人にヨガに誘われました。体を動かすのは嫌いだと断りましたが、友人は「あまり動かないの。半分はマインドフルネスして、最後は横になるだけ」と言うので、試しに参加してみました。

はじめてのマインドフルネスでは雑念で頭がいっぱいになりました。少し体を動かして「屍《しかばね》のポーズ」で横になりました。手と足を広げて横になり、脱力して目を閉じるのです。そのときに深い眠りに入ってしまったそうです。自分のいびきで目が覚めて、とても恥ずかしかったと話します。

それから、マインドフルネス＋ヨガに通いました。そこで気づきがあったそうです。**自分の性格は完璧主義でなんでも先回りして考えてしまう**とわかってきました。

自分の雑念が「あれはこうしなくちゃ」系ばかりで、先のこと、先のことを考えていたのです。

あまり過去のことにはこだわらないタイプでしたが、先のことを失敗なく遂行することが自分の使命のようになっていました。その性格がもしかしたら疲れの原因ではないかと考えました。

彼女の疲れは体ではなく脳からくる疲れだったのです。

「そういえば、マッサージ中もリラックスできず、終わったあとにやることを考えていました」と話します。彼女に必要なのは、リラックス方法でした。

マインドフルネスには、**自分の状態に気がつくという効用があります。**

私たちのふだんの生活は、仕事や家事、育児、さらには介護、地域の活動など、目の前のやらなければいけないことを片づけることで忙しく、マインドフルネスな気持ちになる暇はないかもしれません。いつも時間に追われ、「気が休まらない」「しょっちゅうぴりぴりしている」「焦りや不安を感じやすい」という人も多いでしょう。

しかし、そんな人こそ、心を過去の失敗や未来への心配・不安から今ここに戻し、自分で自分を苦しめる思考や気持ちに気づくように、「ふっとひと呼吸おく」習慣をつくることをおすすめします。

「ほどほどのさじ加減」を自分自身で
見つけていくことが大切

「すでにある幸せ」は忘れない

本書は嫌な感情や過去を忘れるための本ですが、もちろん忘れないでほしいこともあります。それは「**幸せな感情**」です。

「幸せな感情」というと、仕事に成功したこと、子どもが生まれたときのことなどビッグイベントを思い出す人が多いようです。そうではなく、ここでいうのは、もっと些細なことです。

空がこんなに青いと気がついた日のこと、毎年春に見る公園の桜の色、はじめて子どもが「ママ」と自分を呼んだ声、暖かな陽だまりの感覚、海の潮騒の音、本を読んで感動した気持ちなど、長く生きてきた私たちにはたくさん受けとっている幸せがあるはずです。

そんな幸せな感情を忘れて年をとっていませんか。**感情を劣化させてはいないでしょうか。**

ぱさぱさに乾いてゆく心を
ひとのせいにはするな
みずから水やりを怠っておいて

茨木のり子の詩「自分の感受性くらい」の冒頭の言葉です。

しかし、私たちはつい、人のせい時代のせいにして、イライラしながら過ごしています。本当は心に幸せな感情があるはずなのに、すっかり忘れています。

自分に水やりできるのは、自分しかいません。

座って目を閉じてみましょう。どんなとき自分が幸せなのか考えてみます。

詩の最後はこう綴られます。

自分の感受性くらい
自分で守れ
ばかものよ

ばかものにならないためにも、あなたの心のなかにある幸せを心にとどめておきましょう。それが、あなたの心の糧になります。

マインドフルネスは、「今ここ」を大事にするものですが、今ここを温かく包み込んでくれるものは幸せな記憶です。これらの記憶はとどめて何度でも思い出し、本来の自分に戻るための鍵にしてほしいと思います。

本当に幸せなのは、わずかなものだけで満足を感じられる人

人とのご縁、支えてくれた人に感謝する

マインドフルネスは、自分自身を磨いていくものでありますが、同時に、他者に向けての注意も払えるようになります。「注意する」とは、**気を配ること、気をつけること**、という意味です。「運転に気をつけてね」と注意する言葉は、相手の無事と安全を祈って発せられるものです。

他者に対する思いやり。あるいは、ふだんは忘れてしまっている心を取り戻すことも瞑想の効用といえます。

日本の精神療法のひとつに「内観療法」があります。狭い静かな環境のなかでひとり座り、父母やまわりの人といった身近な人たちに、①していただいたこと、②して返したこと、③迷惑をかけたことを年代ごとに回想していくものです。そ

うすることで自分自身を見つめ、気持ちの変化を治療者に報告しながら、自己中心性から脱却して認知を変えていくという療法です。

マインドフルネス瞑想と認知療法を組み合わせたもののようにも思えるかもしれませんが、**徹底的に自己を検討していくと、他者への愛や恩に気がつく**ものだと考えます。

ある大きな病院で看護師長さんまで務めた男性が、最後は病院と喧嘩して仕事を辞めました。彼は正義感あふれる人でしたから、効率重視の経営方針や、若い看護師のドライさと合わなくなったのでした。

辞めたあとの彼は、病院や元同僚たちの悪口ばかりが頭にはびこりました。高校を出てから看護畑で一途に働いてきた自分の人生も虚しくなっていきました。自分が認められていないと思うことがつらかったそうです。

そんな彼がマインドフルネスをはじめてしばらくしたときのことです。瞑想しているうちに涙が止まらなくなりました。

いつもはイライラと雑念が浮かんできたのに、ふと、若くて楽しかった勤務時代を思い出しました。

　患者さんたちから感謝の言葉をかけられたこと、看護の甲斐もなく亡くなった方のご家族からかけられた言葉の数々。そんなに悪い人生ではなかったと思いいたります。そのうえで、同僚たちも病院の体制が変わるなかでよく働いていると思ったのです。

「よくよく考えたら、感謝しかなかった」そうです。「私はこんなにがんばったと思っていましたが、自分がみんなから生かされてきた」と気づきました。

　それからは、今の病院のスタッフたちがうまくいきますように、と祈ることをしています。自分にはもうそれしかできませんが、恨む気持

ちはなくなったと言います。

私はいつも、自分の核を大事にしなさいと話します。人の目など気にせず、自分を生きなさいと伝えます。しかし、**人間はひとりでは生きられません。**

父母をはじめまわりの人間にお世話になってきました。もっと広げていけば際限はありません。毎日乗る公共交通機関の関係者、花粉症の薬をもらいにいく病院、仕事帰りに立ち寄る本屋さんや食堂の人。もっといえば、空気があって水があって太陽の光があって、私たちは生きることができる。

瞑想やヨガを極める人たちのなかには宇宙について語る人も多いのですが、生きとし生けるものすべての世界に注意を向けるようになることは、他者や世界に気を配るようになるということです。

そこから祈りは生まれていくのかもしれません。

与えられることはありがたいこと。
当たり前だと考えてはいけない

どうしよう、どうしよう……と思ったら、ゆっくりと歩く

マインドフルネス（瞑想）をしても、いろいろな嫌なことを思い出してしまうという人もいます。雑念を流すことができず、その思いをとどまらせてしまいます。

座ることが苦手だという人もいます。すぐに体が動きたがります。瞑想の体勢に入れないのです。

そういう方におすすめするのは、**体を動かしながら行うマインドフルネス**です。

スポーツをして心身ともにスッキリしたという経験をもっている人は多いと思います。汗をかいて体がスッキリするだけでなく、脳のほうもスッキリしています。

脳にはひとつのことしか考えられないという性質があります。テニスのボールを目で追っているときは雑念を忘れることができます。ひとつのことに集中していることで、脳が他のことを忘れてしまうのです。

体は疲れていても気分が爽快になるのは、嫌なことも心配事も忘れて、脳が晴れ晴れとした感情をもてるようになったからでしょう。

座ることが苦手な人は、**ウォーキングしながらのマインドフルネス**を試してください。

ウォーキングは、激しいスポーツをしているときのように「無」にはなれません。雑念は次々と浮かんできますが、歩くという動的な行為をしているので雑念を流しやすくなります。アインシュタインやヴェートーベンなど、散歩のなかで発想を得たという人は多くいます。

健康科学で有名なアメリカ・スタンフォード大学でも、歩くことが創造性を伸ばすという研究があります。屋内で動かないで考えている人より、外で歩きまわった人のほうが、創造性に関していい結果が出たそうです。

その理由としては、運動すると脳に流れる血液が増えます。それにより脳の働きが促進され、認知能力が向上して創造性も増すということです。

脳がひとつのことしか考えられないという機能を考えると、じっとしていれば脳の血流が悪くなり、ひとつの考えや感情に縛られてしまうことも理解できます。体を動かすことによって、脳の血流が良くなり、**創造性という脳の機能を利用して、ものごとを客観的に見ることができるようになる**のでしょう。

つらい経験をしたある女性がいました。家のなかでひとりで瞑想することなどできません。そこで歩くことをすすめましたが、はじめのうちは歩いていても、つらい出来事が想起されて、その場にしゃがみこんでしまうことがあったそうです。

それでも歩く習慣を続けているうちに、無心に歩くようになっていきました。「少し長く歩くようにしたんです。そうすると体が熱くなってきて、あまり余計なことを考えないようになりました」と教えてくれました。

そうして歩きながら「**私は良くなる、私は大丈夫**」とお経のように唱えたそうです。

歩きながら自分なりの文句を頭に浮かべていると、マインドフルネスができるようになるのです。

座ることが苦手な人は、動きながらやることをうまく取り入れて、マインドフルネスを試してみてください。


あせらず、あわてず、走らず。

ゆっくり、じっくり、ていねいに

がんばらなくていい。自分に無理をさせない

「マインドフルネスをがんばります」という患者さんもいますが、あまりがんばらなくていいのです。

毎日、寝る前の10分だけマインドフルネスをしなくちゃと思っても、寝落ちするときもありますし、酔っぱらって寝てしまうこともあるでしょう。それはそれ、きちんと寝られているのだからOKなのです。

マインドフルネスに縛りはありません。家族が出かけた日曜日にだけ行うとか、手始めに公園のベンチに座ってみるだけでもいいのです。

真面目な人ほどきちんとやろうとしますが、マインドフルネスは自由です。また、いつでもどこでもできます。

たとえば、通勤の電車のなかでスマホを見ずに瞑想してみましょう。大音量で音楽をかけながら料理をするとき、面倒くさい家事ということは忘れて、美味しいものを踊りながらつくってみます。

フラダンスを踊りながら、茶道を習いながら、花を生けながら、洗濯機の音を聞きながら、**「今ここの自分」に集中します。**マインドフルネスの気持ちをもつというのは、今ここに集中して楽しむことです。

知り合いの女性の父親は、天気がいいと朝、庭に出てラジオ体操をやっていたそうです。高校生のころは、そんな父親が恥ずかしくて体操している姿を見たくなかったと言います。

父親は、93歳になる今もラジオ体操をしているそうです。彼女は「ラジオ体操は、父親のマインドフルネスであると思う」と話します。

その父親は、雨の日や寒い日は、二度寝をするそうです。ラジオ体操は陽が射しているときにのみ行うと決めているからです。

こういう**自分流のアバウトなやり方が、長生きの秘訣**かもしれません。

朝の太陽を浴びると脳内のセロトニンが分泌されやすくなります。セロトニンはうつ病とも深く関係しているので、太陽を浴びてセロトニンを増やせば、ストレスに強い一日が過ごせるかもしれません。自己流だけれど、理にかなっている方法です。

誰でも、自分にちょうどいいやり方で健康法を取り入れていることがあります。マインドフルネスも、あなたに合ったかたちで取り組んでみてください。

すべては考え方しだい。
「いい」も「悪い」もないのです

人のために何かをしようとする心は忘れない

あなたは祈ることはありますか。子どもが受験に受かりますように、家族の病気が良くなりますように、と祈ったことはあるでしょう。

初詣へ行き「今年一年、家族が元気でありますように」と祈ったとき、胸が軽くなり、気分が良くなったことはありませんか。また、「この困難を助けてください」と祈ったことで、少しホッとした感覚をもったことはありませんか。

東京工業大学教授などを務めた関英男先生は、「何かにすがりたいとき、助けを求めるとき、私たちの脳は緊張していますが、『祈る』という行為を通じて無意識に平常心を維持しているのです」と言っています。

私たちは祈ることによって、**悩みを抱え緊張していた脳と体の緊張がゆるみ、**

心身が軽くなった感覚を受けるのかもしれません。

祈りの効用をもうひとつ紹介します。

アメリカで行われた、「祈りの遠隔効果（メタ解析2000）」という研究解析があります。内容を紹介すると、同じ症状のある患者さんを2つのグループに分けます。ひとつのグループは、一人ひとりに対して、「治りますように」と祈ってもらうグループです。祈る人は、いろいろな宗教の方にお願いします。もうひとつのグループは、誰からも祈りの働きかけがないグループです。

結果は、23の研究のうち13（57％）は効果があったと報告しています。つまり、**患者さんの**

回復に他者の祈りが効いたのではないかという仮説が立てられました。ほかの9つの研究は効果なし（回復が早まることはなかった）、1つの研究で悪い効果が見られたという結果が出ています。

病気が治癒した要因は、病院での治療が功を奏したとも考えられます。しかし、もし祈りの遠隔効果が砂のひと粒ほどでも効くのかもしれないと考えれば、病気になった親しい人のために「治りますように」と祈るのは、「どうせダメだろう」と思うよりずっと大事なことではないかと思うのです。

人のために祈ることに遠隔効果があるかどうかは置いておいて、**祈る本人にいい効果がある**ことは知られています。

とくに、利他的な祈りに効果があります。「家族の病気を治してください」「世界が平和でありますように」「戦争が終わりますように」と自分以外の人のために祈るとき、心が落ちつく、あるいは平安になるような感覚があります。

先に、それは脳の緊張がとれるからだと説明しましたが、ポジティブな祈りには、**オキシトシンの分泌が増える**という研究結果があります。

オキシトシンは、下垂体後葉ホルモンのひとつで「愛情ホルモン」といわれています。出産直後の女性に多く分泌されるとわかっています。

オキシトシンの作用としては、次のようなものがあります。

①人への親近感、信頼感が増す。

②ストレスが消えて幸福感が得られる。

③免疫力が高まる。

祈ることで気持ちいい感覚を得られるのは、幸福ホルモンの効果があると考えられます。

あなたがつらいとき、祈ってみてください。今つらいのは自分だけのように思うけれど、「世界中のつらい人のために」と思いながら祈るとき、オキシトシンがつらい気持ちを緩和してくれて、前向きに動けるようになるかもしれません。

> 「自分さえよければ」をやめる。結局はそれが、幸せへの近道

自分の幸せを大事に、人の幸せも大事に

仏教の根底には「慈悲」の心があります。「生きとし生けるものが幸せになりますように」という願いがそこに込められています。

また、仏教の修行のなかに「**慈悲の瞑想**」というものがあります。この瞑想の短縮版を患者さんのワークショップで行ったところ、とても評判がよかったので、ここで紹介します。

やり方は次のとおりです。

まず、マインドフルネス（瞑想）をするときのようにラクに座ります。

次のように祈りながら呼吸をします。

①私が幸せになりますように（息を吐きながら、計3回。以下同じ）
私が健康になりますように（健康でいられますように）

②〇〇さんが幸せになりますように
〇〇さんが健康になりますように
※〇〇には、あなたの大事な人の名を入れてください。

③（がん患者さん）がすべて幸せになりますように
（がん患者さん）がすべて健康になりますように
※（　）には、人それぞれ、祈りたい人たちの名を入れてください。

④生きとし生けるものすべてが幸せになりますように
生きとし生けるものすべてが健康になりますように

このワークショップを行うと、皆さんの表情が柔らかくなります。オキシトシンが分泌されて、穏やかな心で人と接することができます。

また、寝る前にこの「慈悲の瞑想」をしたところ、睡眠の質が上がったという人も多くいます。慈悲の瞑想には、マインドフルネスと同じようにリラックス効果があるためでしょう。

実践できなくても、いつも心のどこかにとめておくだけでいいのです

おわりに

もう自分を後回しにしない

私たちは、「覚える」ことを使命として生きてきました。言葉を覚え、学校の勉強を覚え、会社の仕事のやり方を覚えます。覚えの早い人ができる人、知識のある人がすごい人といわれます。

そうはいっても人生の後半に入ると、物忘れが多くなって不安にかられます。忘れることをこれほど不安に思うのは、覚えるという使命にまだ私たちがとらわれているからでしょう。

忘れてもいいことはたくさんあります。**あなたが人生の残りをどう生きたいか考えてみてください**。憎しみや落ち込み、嫉妬や後悔にまみれて生きたいとは思わないでしょう。余計なことはさっさと忘れて、家族や他人に呆れられても、昔のことなんか忘れたわ、と笑って生きたいものです。

正直いって還暦からが人間の自由が得られる時代です。

孔子の有名な言葉があります。

「私は十五歳ごろに学問を志し、三十歳で独立した立場を得た。四十歳で迷うことがなくなり、五十歳で自分の人生の使命を知り、六十歳で人のいうことを素直に聞くことができるようになって、七十歳で思ったように振る舞っても道を外れることはなくなった」

現代には通用しない教えだという反論もあるかもしれませんが、年をとって自由な境地を得られるのは本当だと思います。

60歳で人の言葉が聞けるようになっていくのは、「自分が、自分が」という我執から離れられるからかもしれません。

正直、60歳にもなれば、スーパースターにはなれませんし、大金持ちともほど遠いです。今の自分のまま生きていかなくてはいけません。

執着を捨ててもう一度、天命を探しに出かけてもいいのかもしれません。

自分探しは若者の特権ではありません。いろいろなしがらみを捨てられる今だからこそ、新たな自分探しの旅に出ていいのです。

そして先にも述べたように、**私たちはひとりで生きているわけではありません。**この世界があって生《せい》を享《う》け、自分という者に出会えたという奇跡に感謝するとともに、出会った人、影響を受けた人にも感謝したいです。

祈りとは感謝なのかもしれません。

詩人の長田弘さんに次のような詩があります。

立ちつくす

祈ること。ひとにしか
できないこと。祈ることは、
問うこと。みずから深く問うこと。
問うことは、ことばを、
握りしめること。そして、

空の、空なるものにむかって、
災いから、遠く離れて、
無限の、真ん中に、
立ちつくすこと。
大きな森の、一本の木のように。
あるいは、佇立する、塔のように。
そうでなければ、天をさす、
菩薩の、人差し指のように。
朝の、空の、
どこまでも、透明な、
薄青い、ひろがりの、遠くまで、
うっすらと、仄かに、
血が、真っ白なガーゼに、
滲んでひろがってゆくように、

太陽の、赤い光が、滲んでゆく。
一日が、はじまる。——
ここに立ちつくす私たちを、
世界が、愛してくれますように。

自分の感情にがんじがらめになって、立ちつくす人がいると思います。どうにもならないなにかがあって、祈ることしかできないときもあります。

悲しみに、怒りに、恨みに、嫉妬にかられているときに、人は祈ります。

こんなことは忘れて前に進めますように、と。

忘却は生きる力でもあります。今はつらくても、まだまだ、あなたには素敵なことが待っています。

私は皆さんが、これからの生を少しでも自分らしく生きられるように祈ります。

保坂 隆

保坂隆（ほさか・たかし）

保坂サイコオンコロジー・クリニック院長。
1952年、山梨県生まれ。慶應義塾大学医学部卒業後、同大学医学部精神神経科入局。東海大学医学部教授、聖路加国際病院リエゾンセンター長・精神腫瘍科部長、聖路加国際大学臨床教授を経て、現職。
著書に『精神科医が教える 50歳からの人生を楽しむ老後術』『精神科医が教える 50歳からのお金がなくても平気な老後術』『精神科医が教える 60歳からの人生を楽しむ孤独力』『精神科医が教える すりへらない心のつくり方』などがある。

だいわ文庫

著者 保坂隆（ほさかたかし）

©2024 Takashi Hosaka Printed in Japan

精神科医が教える（せいしんかいがおしえる）
60歳からの人生を楽しむ忘れる力
（ろくじゅっさいからのじんせいをたのしむわすれるちから）

二〇二四年六月一五日第一刷発行

発行者 佐藤靖（さとうやすし）

発行所 大和書房（だいわしょぼう）
東京都文京区関口一―三三―四
〒一一二―〇〇一四
電話 〇三―三二〇三―四五一一

フォーマットデザイン 鈴木成一デザイン室

本文デザイン 伊藤まや（Isshiki）

本文イラスト 岸潤一

編集協力 やませみ工房

本文印刷 厚徳社 カバー印刷 山一印刷

製本 小泉製本

ISBN978-4-479-32093-7

乱丁本・落丁本はお取り替えいたします。
https://www.daiwashobo.co.jp

本作品は当文庫のための書き下ろしです。